KB244067

네이티브 스피커를
황당하게 하는

콩글리시
바로잡기

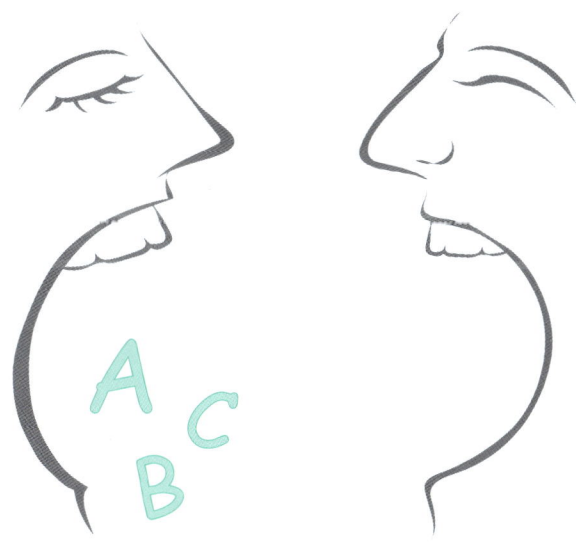

네이티브 스피커를 황당하게 하는

콩글리시 바로잡기

초판 인쇄일   2005년 2월 1일
초판 발행일   2005년 2월 10일
발행인 박정모
발행처 도서출판 혜지원
저자   Robert Red-Baer
감수   ㈜TG영어연구소 김유리
기획·진행   유정식, 김형진
편집 디자인   곽종여
표지 디자인   이승현
영업마케팅   김승헌, 정우석, 김남권, 한광옥
ISBN   89-8379-396-1

정가 8,000원

주소   서울시 동대문구 장안1동 420-3호
전화   영업부 02)2212-1227 / 편집부 02)2249-7975
팩스   02)2247-1227
홈페이지 http://www.hyejiwon.co.kr
e-mail   hyejiwon@hyejiwon.co.kr
● 잘못 만들어진 책은 구입한 서점에서 교환해 드립니다.

Copyright ⓒ 2003 Robert Red-Baer
Originally published in Japan by Publisher
ZENNICHI SHUPPAN Co., Ltd Tokyo
Korean translation rights arranged through UNION Agency, Seoul

Korean language edition copyright ⓒ 2005 by Hyejiwon
                          420-3 Jangan 1Dong Dongtaemun-Ku
                          Seoul, Korea
All rights reserved. First edition Printed 2005. Printed in Korea

네이티브 스피커를 황당하게 하는

콩글리시 바로잡기

Robert Red-Baer 지음

(주) TG영어연구소 김유리 감수

혜지연

Correct
the Mistaken
English

Foreword

영어를 모국어로 쓰지 않는 분들과 생활한 지 벌써 30년 가까이 되었습니다. 그 과정에서 영어를 접하다 보면 '특유의 잘못된' 회화 표현과 자주 마주치곤 합니다.

물론, 영어를 모국어로 사용하는 원어민(Native Speaker)과는 문화나 습관, 그리고 종교에 이르기까지 차이가 있기 때문에, 여러분의 영어 표현이 원어민과 다른 것은 오히려 자연스러운 일입니다. 그래서 영어 회화에서는 그런 문화적 차이나 종교에 관련된 사항을 서로 이해하려는 마음가짐이 가장 중요합니다.

하지만, 이처럼 '특유의 잘못된' 영어 표현을 자주 접하다 보면, '영어다운 영어'보다 '우리식 영어'가 먼저 머리에 떠오르게 되어 잘못된 표현이 더욱 굳어지기 십상입니다. 예를 들면, 우리말 특유의 관용적인 표현을 그대로 영어로 말하거나, 아니면 영어에는 존재하지 않는 Konglish를 쓰게 되는 경우가 종종 있습니다.

이처럼 여러분이 실수하기 쉬운 영어, 즉 Konglish(Mistaken English) 표현법이 이 책에는 체계적으로 정리되어 있습니다. 우선 목차를 살펴보기 바랍니다. 지금까지 여러분이 그냥 사용해 오던 수많은 영어 표현을 원어민이 다른 의미로 이해했을지도 모른다는 사실을 깨닫게 될 것입니다.

이 책은 여러분이 '흔히 범하는 실수'와 '원어민의 올바른 표현' 두 가지를 각각 비교하여 그 차이를 쉽게 이해하도록 구성하였습니다. 영어도 모국어와 마찬가지로 의사소통의 도구입니다. 영어 능력을 향상시키는 과정에서 실수를 두려워해서는 안 됩니다. 다만, 이때에도 '왜 이 점을 이해하지 못했느냐'라고 자기 자신에 대한 의문을 잊지 말고 기억하는 것이 중요합니다.

문화나 습관이 다른 외국인에게 자신을 이해시키기 위해서는 상대방이 이해하기 쉬운 표현을 우선 습득하는 것이 지름길이라고 생각합니다. 여러분께서 이 책을 십분 활용하여 예전에 미처 깨닫지 못했던 점을 알게 되고, 이를 통해 올바른 표현을 자유롭게 할 수 있게 되기를 바랍니다.

Robert Red-Baer

Contents

Chapter 1

아는 것과 모르는 것은 하늘과 땅 차이   18

Contents

Chapter ❷

의외로 널리 사용되는 Konglish 표현 바로잡기 60

Contents

Chapter ❸

진지하게 말하고도 웃음거리가 되는 경우!　100

Contents

Chapter 4

이렇게 표현하면 상대방 기분까지 망친다!　140

Contents

Correct
the Mistaken
English

1

1 | '~을 하다' 라는 표현이 '동사 do'는 아니다! ⋮⋮⋮

Q: '회의를 하다' 어느 것이 올바른 표현일까요?
① We did a meeting yesterday.
② We had a meeting yesterday.

우리말도 그렇듯이 명사와 동사가 궁합을 맞춰 짝을 이루는 것은 영어도 마찬가지입니다. 우리말로 '~을 하다, ~을 진행하다' 라고 표현되지만, 동사 do를 쓰지 않는 경우도 있습니다. 사회생활에서 흔히 사용하는 '회의를 하다.' 라는 표현을 그 예로 들어보겠습니다.

We did a meeting yesterday.
우리는 어제 회의를 했어.

'회의'를 영어로 meeting이라고 하는 것은 누구나 다 아는 사실입니다. 실제로 '회의'라는 단어 대신 '미팅'이라는 표현도 흔히 사용합니다. 그러나, '미팅을 했다.'라는 우리식 문구대로 동사에 do를 사용하면 잘못된 영어가 되고 맙니다. 실제로 동사 do에는 '~을 하다, ~을 진행하다.' 라는 의미가 포함되어 있지만, do a meeting이라는 표현은 사용하지 않기 때문입니다.

We had a meeting yesterday.
우리는 어제 회의를 했어.

'회의를 하다.'는 have a meeting, 또는 hold a meeting과 같이 표현합니다. 지금 몇 번 읽고 발음하면서 그대로 외워두시기 바랍니다. 참고로, 동사 have나 hold는 '행사를 하다(열다)' 라고 할 때에도 have a ceremony, 또는 hold a ceremony와 같은 형태로 사용됩니다. 또한, 프레젠테이션이나 시험, 또는 파티 등을 하는(또는 여는) 경우에는, give a presentation, give an examination, give a party와 같이 동사 give를 사용한다는 점도 익혀 두세요.

2   '어떻게 생각하느냐'는 '무엇을 생각하느냐'로!

Q : '그 계획을 어떻게 생각하세요?' 어느 것이 올바른 표현일까요?
① How do you think about the plan?
② What do you think of the plan?

친구와 이야기를 나눌 때나 업무 활동 중에 상대방의 생각이나 견해를 물어보는 것은 기본적인 의사소통 방법입니다. 이처럼 견해를 물어보는 표현은 사용 빈도가 높기 때문에, 이와 관련하여 잘못된 표현을 계속 사용하게 되면 상대방에게 좋지 않은 인상까지 줄 수 있어 주의해야 합니다.

How do you think about the plan?
그 계획을 **어떻게** 생각하세요?

'어떻게 생각하느냐'라는 표현을 영어로 옮길 때, 우리식으로 '어떻게'를 'how'로 처리해버리면 잘못된 표현이 됩니다.

What do you think of the plan?
그 계획을 **어떻게** 생각하세요?

영어에서는 '~에 대해 무엇을 생각하느냐'라는 표현을 사용합니다. '어떻게 =how', '무엇=what'과 같은 등식 관계에 얽매이지 말고, 그냥 'What do you think of A?(A를 어떻게 생각하세요?)' 구문 전체를 지금 여러 차례 읽어 즉석에서 외워두시기 바랍니다. 마찬가지로, 'What are your thoughts on A?(A에 대한 당신의 생각은 어떠세요?)'와 같은 표현도 자주 쓰이기 때문에 함께 기억해 두면 많은 도움이 될 것입니다. 참고로, 동사 think 대신 feel을 사용하여 상대방이 어떻게 느끼고 있는지 물어보는 경우에는, what 대신 how를 씁니다. 즉, 'How do you feel about this painting?'이라고 하면, '이 그림 어떻게 생각하세요?'라는 뜻이 된다는 점도 익혀두시기 바랍니다.

3 꿈은 '꾸는' 것이 아니라 '갖는' 것!

Q : '난 행복한 꿈을 꿨어.' 어느 것이 올바른 표현일까요?
① I dreamed a happy dream.
② I had a happy dream.

잠에서 깰 때는 기억이 잘 나지 않더라도, 잠자는 동안에는 누구든 꿈을 꾼다고 합니다. 또한, 좋은 꿈을 꾸고 일어난 날에는 친구에게 어떤 꿈을 꿨는지 이야기하고 싶은 것은 어느 나라 사람이든 마찬가지입니다.

I dreamed a happy dream.
난 행복한 꿈을 꿨어.

상대방에게 의미는 어느 정도 전달할 수 있다 하더라도, 어쨌든 이 표현은 잘못된 영어입니다. 우리식 표현으로는 '꿈을 꾸다.' 가 맞지만, 이를 'dream a dream' 이라고 표현해서는 곤란합니다.

I had a happy dream.
난 행복한 꿈을 꿨어.

꿈을 '꾸다' 라는 표현의 동사는 dream이 아니라 have를 사용합니다. 'have=갖다' 라고 단순하게 기억하고 있으면 이해하기 어렵겠지만, 동사 have는 다양한 의미로 사용됩니다. 반대로, '나쁜 꿈을 꿨다.' 고 할 때에는 I had a bad dream.이라고 합니다. 참고로, '무서운' 꿈은 an awful dream, '이상한' 꿈은 a strange dream이라고 표현할 수 있습니다. 그리고, '악몽' 은 흔히 a nightmare라고도 합니다. '실현하고 싶은 이상' 도 '꿈' 으로 표현하여, I have a dream.이라고 하면 '나는 꿈이 있다.' 가 됩니다. 아울러, Dreams come true.(꿈이 이루어졌다.), You've made my dream come true.(당신이 제 꿈을 이뤄지게 해주셨어요.)와 같은 문장도 이 기회에 기억해 두세요.

4 | 의사는 '예약'의 대상이 아니랍니다.

Q : '치과에 예약을 했어' 어느 것이 올바른 표현일까요?
① I have a reservation at the dentist.
② I have an appointment with the dentist.

호텔이나 병원에, 미리 방문약속을 하는 것을 '예약하다' 라고 표현합니다. 그렇다고 해서, 영어도 이와 같은 식으로 표현할 수 있다고 생각하면 안 됩니다.

I have a reservation at the dentist.
치과에 **예약**을 했어.

이렇게 표현을 해도 일단 의미는 통하지만, 근본적으로는 잘못된 영어 표현입니다. '치과에 예약했다.' 라는 것은 병원이라는 장소가 아니라 '의사와의 만남을 약속했다.' 라는 뜻이므로, 특정 장소와의 예약을 나타내는 reservation이라는 단어를 사용할 수 없기 때문입니다. 다시 말해, reservation은 호텔 객실이나 레스토랑, 또는 비행기의 좌석 등의 예약을 표현할 때에만 사용한다는 것을 기억해 두기 바랍니다. 물론, 동사 reserve도 마찬가지입니다.

I have an appointment with the dentist.
치과에 **예약**을 했어.

'병원 예약(의사와의 약속)' 에는 appointment를 씁니다. 상대방의 시간을 미리 약속하여 확보했기 때문이라고 생각하면 이해하기 쉬울 것입니다. '병원을 예약하다.' 라는 표현에 익숙하기 때문에 장소를 연상하기 쉽지만, 영어에서는 '의사 선생님과 약속하다' 라고 표현하는 것입니다. 참고로, appointment는 일 때문에 사람과 만나는 것뿐만 아니라, 의사나 변호사, 회계사 등 전문인과의 약속에도 사용됩니다. '예약하다.' 라는 표현은 'make an appointment' 라고 한다는 점도 잘 익혀 두세요.

5 | 'listen'과 'hear'를 구분하자!

Q : '목소리를 들을 수 없네요.' 어느 것이 올바른 표현일까요?
① I can't listen to you.
② I can't hear you.

상대방의 목소리가 너무 작거나, 아니면 주변이 소란스럽고 산만한 경우, 더욱더 상대방의 말을 알아듣기가 어렵습니다.
바로 이런 경우 동사를 가려서 정확히 사용해야 자신의 의사를 제대로 전달할 수 있습니다.

I can't listen to you.
목소리를 **들을** 수 없네요.

'동사 listen'은 '신경을 써서 듣다.'라는 의미로 사용됩니다. 그래서 전치사 to와 그 뒤에 듣는 대상을 수반하여 'listen to ~ (~에 신경을 써서 듣다.)'의 형태를 취하는 것입니다.

I can't hear you.
목소리를 **들을** 수 없네요.

반면, 상대방의 말이 자신의 귀에 잘 들리지 않는 경우에는 '동사 hear'를 써서 위와 같이 표현합니다. 이처럼 동사 hear는 '자신의 귀에 (타인의 목소리나 외부의 음향이) 들리다.'라는 의미를 표현하는 기본 동사입니다.
또한, 여기서 목적어로 'your voice'가 아니라 'you'를 취하고 있다는 점도 기억해두기 바랍니다.
참고로, TOEIC 및 TOEFL 등의 공인영어 시험에서 듣기 능력을 측정하는 영역을 'Listening Comprehension'이라고 하는데, 여기서의 듣기 능력이란 '의식적으로 테이프 내용을 경청하고 문제를 푸는 능력'을 의미합니다. 따라서, 이 경우에 'Hearing Comprehension'이라고 표현하면 틀린 표현이 되는 것입니다.

아울러, 상대방의 말이 귀에 잘 들리지 않을 경우, I can't hear you. 대신에 'Can you speak up a little?(조금 크게 말씀해 주시겠어요?)'나 'Would you speak more loudly?(좀 더 크게 말씀해 주시겠어요?)' 같은 표현을 사용하여도 좋습니다. 또는, 'I can't make out what you're saying.(뭐라고 말씀하시는지 도통 모르겠군요.)' 같은 직설적인 표현도 무방하다는 점도 이 기회에 함께 익혀 두세요.

G·R·O·C·E·R·Y

동사 hear의 다양한 쓰임새

먼저, 동사 hear는 '소식을 듣다'는 의미로도 흔히 사용됩니다. 예컨대, 'I've heard nothing of him since.'라고 하면 '그 이후로는 그에 관한 소식을 도통 듣지 못했어.'가 됩니다. 이는 다시 'I've never heard of him since.'와 같이 표현할 수도 있습니다.

또한, 동사 hear는 뒤에 전치사 form을 취하여, '~로부터 야단을 맞다, 꾸중을 듣다.'라는 의미를 전달하기 때문에 각별한 주의를 요합니다.

예를 들어, 'If you don't obey him, you hear from him'은 '만일 자네가 그에게 복종하지 않는다면, 그가 자네에게 야단을 칠 거야.'란 의미를 전달하게 되는 것입니다.

이 경우, 동사 hear를 그냥 '듣다'로 해석하게 되면 정확한 의미 파악이 곤란해지기 때문에, 지금 예문을 몇 차례 소리 내어 읽어 완전히 소화해 두기 바랍니다.

6 어디론가 '출발'할 때는 start가 아니라 leave를!

Q: '난 매일 아침 8시 정각에 집을 나선다' 어느 것이 올바른 표현일까요?
① I start home at 8 o'clock every morning.
② I leave home at 8 o'clock every morning.

'통근'이나 '통학'과 관련된 주제도 회화에서는 흔히 등장하기 마련입니다. 따라서, '아침 몇 시에 집을 나선다.' 정도는 원활하게 영어로 말할 수 있도록 연습해 둘 필요가 있습니다.

I start home at 8 o'clock every morning.
난 매일 아침 8시 정각에 집을 나선다.

이는 '어디를 나서다=출발하다=start'라는 생각에서 비롯한 잘못된 표현입니다. 실제로, start를 영어 사전에서 찾아보면 '출발하다'라는 표현으로도 사용되기는 하지만, '집에서 출발하는 상황'에서는 쓰이지 않습니다.

I leave home at 8 o'clock every morning.
난 매일 아침 8시 정각에 집을 나선다.

동사 leave에는 '~를 나서다, 떠나다, 출발하다.'라는 뜻이 포함되어 있고, 일상생활에서 '어디를 나서는' 경우에 자주 사용됩니다. 따라서, '그 레스토랑을 나선 것은 10시 정각이었어.'라고 할 때, 'We left the restaurant at 10 o'clock.'이라고 표현할 수 있습니다.

반면, start는 '개시', 또는 '시작하는 일'을 표현하는 동사로 이해하는 것이 중요합니다. 예를 들면, 'He started a new shop.'이라고 하면, '그는 새로운 가게를 시작했다.'라는 뜻이 되는 것이죠. 그래서 '그는 새 집을 나섰어.'라고 말할 때, 'He started a new house.'라고 표현하면 '새 집을 짓기 시작했다.'는 것처럼 원어민의 귀에 들리게 됩니다.

'직접 부를 때' 만 'call' 을!

Q : '절 부르셨습니까?' 어느 것이 올바른 표현일까요?
① Did you call me?
② Did you want to see me?

이번에는 외출을 했다 사무실에 들어와 보니 담당 이사가 급히 호출을 했었다고 동료가 귀띔을 해주는 경우를 생각해 봅시다. 이때는 대개 급히 담당 이사 집무실 문을 노크하고 들어가 '부르셨습니까?' 라며 가볍게 인사를 하는 게 일반적입니다.

Did you call me?
절 부르셨습니까?

이렇게 인사를 하게 되면, 기본적인 뜻이야 전달이 되겠지만 근본적으로 사실 관계와는 전혀 다른 뉘앙스를 표현하게 됩니다. 즉, 이 문장은 '(조금 전에) 절 직접 부르셨나요?' 라든지, 아니면 '(조금 전에) 저에게 전화하셨나요?' 와 같은 의미로 전달되기 때문입니다.

Did you want to see me?
절 부르셨습니까?

'동사 call' 이 '누구를 부르다.' 라는 뜻으로 사용될 경우에는 직접 그 대상을 눈으로 보면서 소리쳐 부르는 경우를 가리킵니다. 따라서, '저를 조금 전에 찾으셨습니까?' 라는 의미로 상대방에게 인사를 건넬 때에는 위와 같은 표현을 쓰는 것이 적절합니다. 같은 의미로, 'Were you looking for me?(절 찾으셨나요?)', 'Were you trying to find me?(절 찾고 계셨습니까?)', 그리고 'Somebody told me you wanted to see me.(당신이 절 찾는다고 누군가에게 들었어요.)' 와 같은 표현도 흔히 사용되니, 이 기회에 잘 익혀 두세요.

8 | '어질러진' 방과 '불결한' 방은 다르다! ⋮⋮⋮

Q : '제 방이 불결합니다.' 어느 것이 올바른 표현일까요?
① My room is dirty.
② My room is messy.

초대한 손님이나 친구가 집안으로 들어올 때, '방이 지저분하지만 들어오세요.' 라는 말을 흔히 합니다. 이 표현을 영어로 말할 때 자주 범하는 잘못된 표현에 대해 살펴보겠습니다.

My room is dirty.
제 방이 **불결**합니다.

만약, I'm sorry.(미안해요)라는 말을 앞에 붙여 이 문장을 말한 다음, 'Please, come in.(어서 안으로 들어와요.)' 라고 한다면 상대방은 난처한 표정을 지으며 선뜻 들어오지 못할 것입니다.

'dirty' 는 '먼지나 쓰레기로 지저분한' 상태를 나타내는 형용사입니다. 그러므로 이 말을 들은 상대방의 머릿속에는 '청소를 하지 않은 쓰레기장 같은 방' 이 떠오를 수밖에 없습니다. 뿐만 아니라, 그런 지저분한 곳에 초대를 해서 어떻게 하자는 것인지라고 불쾌감을 느낄 것입니다.

My room is messy.
제 방이 **불결**합니다.

우리가 방이 '지저분하다.' 고 하는 것은 결국 물건이 정돈이 되지 않아 '어질러진' 경우를 뜻합니다. 이 때에는 dirty 대신 messy를 쓰는 것이 적절합니다. messy는 '정리되어 있지 않은 어질러진' 상태를 나타내는 형용사입니다. 이 밖에도 '흩뜨리다'라는 뜻인 동사 clutter의 과거분사형을 이용하여 'The kitchen is cluttered.(부엌은 물건이 어질러져 있어요.)'라고 표현할 수도 있습니다.

다만, 미리 방을 깨끗이 정리한 후 손님을 초대해놓고 예의상 '어질러져 있다.'라고 겸손하게 표현하는 것은 문제가 없겠지만, '오물 등으로 불결하다'라고까지는 표현할 필요가 없다는 점을 다시 한번 잘 기억해 두기 바랍니다.

참고로, 방은 물론이고 책상 위에 물건이 어질러져 있을 경우도 'My desk is really messy.(내 책상은 형편없이 어질러져 있어.)'라고 표현하며 형용사 messy 대신 명사 mess를 써서, 'My desk is in a mess.(내 책상은 엉망진창이야.)'라고도 표현합니다.

또한, 엉망진창으로 쓴 글씨도 messy를 이용하여 표현합니다. 이를테면, 'His handwriting is messy.'라고 하면, '그의 글씨는 엉망진창이야.'가 됩니다. 물론, 이때 messy 대신 poor를 써서 'This handwriting is poor.(이 글씨는 형편없어.)'라고도 할 수 있습니다.

아울러, 형용사 dirty에는 '비열하다, 추잡하다.'와 같은 비사회적인 의미도 포함되어 있어 주의를 요합니다. 예컨대, 'a dirty shirt'라고 하면 '더러운 셔츠'가 되지만, 'dirty movie'는 '포르노 영화'를 가리킵니다. 이밖에 'a dirty word'는 '비열한 말', 'dirty work'는 '천한 일'을 의미합니다.

G·R·O·C·E·R·Y

mess의 동사 용법

mess는 명사뿐만 아니라 동사로도 사용되어, '어지럽히다.', '엉망진창으로 만들다.'라는 의미를 전달합니다. 이와 같은 기본적인 의미를 바탕으로 동사 mess는 회화에서 다양한 의미를 나타내면서 사용됩니다.

예를 들어, 'Don't mess with me.'라고 하면 '날 간섭하지 마세요.'라는 관용구문이 됩니다. 또, 'She just messed around the room.'는 '그녀는 그냥 방에서 꾸물거리기만 했어.'라는 뜻이 됩니다. 또한, 'He messed around with the machine.'는 '그는 그 기계를 가지고 놀았다.'는 의미가 된다는 점도 눈여겨보기 바랍니다.

9 | 방을 '정리'할 때는 clean!

Q : '난 내 아파트를 비웠어.' 어느 것이 올바른 표현일까요?
① I cleared my apartment.
② I cleaned my apartment.

여기저기 어질러진 책이나 옷가지 등을 제자리에 놓고 방을 깨끗이 하는 것을 흔히 '방을 정리하다.'라고 하는데, 이것을 그대로 영어로 옮기면서 잘못 표현을 하는 경우가 너무 많습니다.

I cleared my apartment.
난 내 아파트를 비웠어.

'동사 clear'에는 물론 '정리하다, 청소하다'라는 의미가 있습니다. 그렇다고 해서 아무 생각이나 망설임 없이 그냥 표현하면 실수하기 십상입니다. 이 경우, 원어민의 입장에서는 '내가 아파트의 짐을 다 옮기고 비웠다'는 의미로 이해하기 때문입니다. 이처럼, clear라는 단어에는 '물건을 다 옮기고 그 장소를 떠나다.'라는 의미가 포함되어 있습니다.

I cleaned my apartment.
난 내 아파트를 비웠어.

철자(spelling)까지 비슷해서 혼동되겠지만, '동사 clean'은 '더러움을 제거하여 깨끗하게 만들다.', '청소하다.'라는 의미로 사용됩니다. 아파트나 방을 '정리하는' 행위가 그 내부를 깨끗이 청소하는 것임을 상기한다면, 위의 표현을 쉽게 익힐 수 있습니다.

참고로, '정리하다.'라는 의미를 나타내는 말로 자주 쓰이는 표현으로 미국에서는 pick up, 영국에서는 tidy up이 자주 사용됩니다. 예를 들어, 'I picked up my room.'이라고 하면 '방을 정리했어.'가 되는 것이죠.

'약'은 '먹지' 않고 '복용하는' 것!

Q : '그는 매일 약을 먹어.' 어느 것이 올바른 표현일까요?
① He eats medicine every day.
② He takes medicine every day.

'약을 먹다.' 라는 표현에 익숙하다고 해서 영어를 할 때에도 동사 eat을 사용하는 사람들이 많지만, 이것은 옳지 못한 표현입니다.

He eats medicine every day.
그는 매일 약을 **먹어**.

동사 eat은 '음식을 먹다.' 라는 뜻의 동사입니다. 반면, 약은 '음식의 대상' 이 아니기 때문에, '약을 먹다.' 라고 할 때 동사 eat을 사용할 수 없습니다.

He takes medicine every day.
그는 매일 약을 **먹어**.

알약, 가루약, 또는 물약 같은 약을 복용하는 경우에는 동사 take를 사용하여 'take medicine' 이라고 해야 올바른 영어 표현이 됩니다. 동사 take는 다양한 의미로 사용되며, '약을 먹는[복용하는] ' 경우도 그 중 하나에 속합니다.
참고로, medicine은 폭넓게 약을 나타내지만, 알약을 복용하는 경우에는 take a pill이라고 말하는 것이 일반적입니다.

11 | '한 잔 살 때'는 이렇게!

Q: '한 잔 사겠습니다.' 어느 것이 올바른 표현일까요?
① I'll pay for you a drink.
② I'll buy you a drink.

마음이 맞는 사람을 만나게 되어 '한 잔 사겠다.'라고 말할 때는 어떻게 표현하면 좋을까요? 이럴 때 잘못된 영어를 구사하게 되면 상대방과 가까워지기가 어려워질 수도 있습니다.

I'll pay for you a drink.
한 잔 사겠습니다.

갑자기 이렇게 말을 꺼내게 되면, 상대방이 자리를 같이하고 싶어하는 경우라도 이상한 표정을 짓게 될 것입니다. 한잔 '사다.'라는 우리 식 개념 때문에 '술값의 지불'을 머리에 떠올리기 쉽습니다. 그래서 동사 pay를 이용하여 '내가 술값을 지불하겠다.'라는 표현을 쓰기 쉽지만, 이런 표현으로는 여러분의 진심을 상대방에게 전달하기 어려울 것입니다.

I'll buy you a drink.
한 잔 사겠습니다.

직역하면 '당신에게 음료수(술)를 사주겠습니다.'라는 뜻이 되기 때문에 얼른 느낌이 안 올 수도 있겠지만 이와 같이 표현해야 올바른 의미를 전달하게 됩니다. 같은 뜻으로, Let me buy you a drink.(제가 한잔 사겠습니다.)도 자주 사용됩니다. 이처럼 동사 buy를 활용한 표현은 술뿐만 아니라 식사 대접의 경우에도 쓸 수 있습니다. 점심을 사는 경우에는 I'll buy you lunch.나 Let me buy you lunch.라고 말하면 됩니다.

참고로, 좀 더 격식을 차려서 '식사를 대접하다.' 라는 표현을 쓸 때에는 동사 treat 을 이용합니다. 예컨대, 레스토랑에 초대하는 식으로 '식사를 대접하고 싶다.' 라고 할 때에는 I'll treat you.라고 합니다. 같은 맥락에서, '점심을 대접하고 싶다' 는 Let me treat you to lunch.라고 합니다.

또, '제가 (술값이나 식사 비용을) 내겠다.' 라고 지불 의사를 명확하게 표현하는 경우는, It's on me.라는 표현이 많이 쓰입니다. 혹, 식당이나 술집에서 주문도 하지 않은 술이 나오면서 'It's on the house.' 라고 주인이나 종업원이 말을 한다면, 이는 '가게의 부담으로' 한 잔을 내는 경우가 됩니다.

한편, 상대방이 접대를 부담스럽게 여기는 표정이면, Please be my guest today. 라고 한마디 덧붙이는 것도 좋을 것입니다. '오늘은 제 손님이 돼 주세요.' 즉, '오늘은 제가 한턱 내겠습니다.' 라는 표현입니다.

G·R·O·C·E·R·Y

'건배'를 하지 않아서 마음이 편치 않다면?

'건배'를 한 후, 잔을 비우는 습관이 있는 사람에게는 아무 말 없이 술만 마시는 게 편치 않을 수 있습니다. 하지만, 영어에도 '건배' 라는 표현이 있으니 안심하세요.

먼저, 제일 흔한 표현은 Cheers!나 Bottoms up!입니다. 또, 축배를 할 때 A toast to your health!라고 하면 '당신의 건강을 위하여!' 라는 뜻이 됩니다. Drink to your health!, 또는 Here's to your health!라고 해도 같은 의미가 됩니다. 물론, 상황에 따라 health뿐만 아니라 happiness 등도 쓸 수 있죠. Here's to you!라고 하면 '당신을 위하여!' 라는 의미가 됩니다.

많은 사람들이 모인 파티 같은 경우에는 you 대신 주최자에 이름을 두어, A toast to the health of Jack!과 같이 표현하는 것이 좋습니다. '제가 건배를 제의하고 싶습니다.' 라고 건배를 제창하고 싶다면 I'd like to propose a toast.라고 하면 됩니다.

12 '면적이 넓으면' large를!

Q : '뒤뜰은 아이들이 놀기에 충분히 넓어.' 어느 것이 올바른 표현일까요?
① The backyard is wide enough for children to play around in.
② The backyard is large enough for children to play around in.

어떤 장소가 '넓은' 경우, 우선 생각나는 영어 단어가 무엇인가요? 혹, 흔히 사용하는 '와이드(wide)' 라는 단어를 머리에 떠올려 wide를 그대로 쓰면 잘못된 영어 표현이 되고 맙니다.

The backyard is wide enough for children to play around in.
뒤뜰은 아이들이 놀기에 충분히 넓어.

일상 생활에서는 '와이드(wide)' 를 '크고 넓다.' 라는 뉘앙스로 흔히 사용하지만, wide의 원래 의미는 '어떤 장소나 물체의 폭이 넓다.' 는 데 있습니다. 따라서, 위의 문장은 뒤뜰의 폭이 넓은 것만 표현하기 때문에, 원어민의 입장에서는 왜 뒤뜰의 폭만 넓은지 이상하게 들릴 것입니다.

The backyard is large enough for children to play around in.
뒤뜰은 아이들이 놀기에 충분히 넓어.

'면적이 크다.(넓다) 라고 할 때에는 wide 대신 large를 사용해야 합니다. 또한, '크다.' 라는 단어를 생각하면 가장 먼저 떠오르는 big은 같은 의미로 사용할 수 있죠. 한편, '면적이 작다.(좁다) 라고 할 때는 large의 반대어인 small을 사용하는 반면 wide의 반대말은 '폭이 좁다.' 라는 뜻의 narrow입니다. '좁은 방' 은 면적 자체가 작기 때문에 a small room이라 하고, '좁은 길' 은 그 폭이 좁기 때문에 a narrow path라고 표현한다는 점도 잘 익혀 두기 바랍니다.

Q : '그 레스토랑은 분위기가 좋아.' 어느 것이 올바른 표현일까요?
① The restaurant is moody.
② The restaurant has a good atmosphere.

'어떤 장소의 분위기가 좋다.' 라는 문장을 영어로 표현하고 싶을 때 우선 떠오르는 단어는 '무드(mood)' 또는 '무디(moody)'가 아닐까요? 특히, 분위기가 좋아 젊은 남녀가 자주 찾는 카페 같은 경우도 흔히 '무드가 있는 카페'로 표현하는 경향이 짙습니다.

The restaurant is moody.
그 레스토랑은 분위기가 좋아.

moody는 어떤 사람의 '기분이 좋지 않거나 변덕스러울 때' 이를 나타내는 형용사입니다. 따라서, '어떤 장소의 분위기 좋다.'의 뜻과는 아주 거리가 멉니다.

The restaurant has a good atmosphere.
그 레스토랑은 분위기가 좋아.

레스토랑 등의 분위기, 또는 무드에 해당하는 영어 단어는 atmosphere입니다. 특정한 장소나 물체가 만들어내는 분위기를 가리킬 때 사용됩니다. 또, 어떤 사람이 '분위기가 있다.' 라고 말할 때에도 다른 표현을 사용합니다. He is moody.라고 하게 되면, 위에서도 언급한 것처럼 '그는 성격이 변덕스럽다.' 라는 뜻이 되고 맙니다. 만약, 어떤 사람에게 독특한 분위기가 있다면, There is something different about him.(그에게는 뭔가 특별한 게 있어.)라고 표현해야 합니다.

한편, mood를 사람에게 쓰면, 그 사람의 '분위기'가 아니라 '기분'을 나타내게 됩니다. 이를테면, 'She is in a good mood.' 는 '그녀는 기분이 좋아.' 가 됩니다. 반대로, 기분이 안 좋을 경우에는 'She is in a bad mood.' 라고 표현한다는 점도 함께 익혀 두기 바랍니다.

14 동사 'discuss'는 전치사를 믿지 않는다? ∷∷∷

Q : '전 그 문제에 대해 논의하고 싶습니다.' 어느 것이 올바른 표현일까요?
① I want to discuss about the problem.
② I want to discuss the problem.

꽤 오래 전이지만 '모스크바는 눈물을 믿지 않는다' 라는 제목의 영화가 전 세계적으로 흥행에 성공을 거둔 일이 있습니다. 바로 그 제목처럼 '동사 discuss는 전치사를 믿지 않는다' 는 사실 을 꼭 기억해 둘 필요가 있습니다.

I want to discuss about the problem.
전 그 문제에 대해 **논의**하고 싶습니다.

여러분의 언어 의식 속에는 '~에 대해 논의하 다.' 라는 생각이 깊이 자리 잡고 있어서, 'discuss about[on] ~'과 같이 표현하기 쉽 습니다. 하지만, 동사 discuss는 전치사를 믿지 않습니다. 다시 말해, 동사 discuss는 전치사 없이 바로 목적어를 취하는 '타동 사'로만 사용됩니다. 따라서, '~에 대해 논 의하다.' 가 아니라 '~을 논의하다.' 로 사용 되는 것입니다.

I want to discuss the problem.
전 그 문제에 대해 **논의**하고 싶습니다.

타동사인 만큼, discuss 뒤에는 곧바로 목적어 the problem이 와야 합니다. 굳이 전치사 about을 취하려면, 타동사 discuss 대신 자동사 talk를 써서 'I want to talk about the problem.(이 문제에 대해 대화하고 싶습니다.)' 와 같이 표현해야 합니다.

한편, 'A라는 문제를 B와 논의하다.'라고 할 때에는 'discuss A with B'의 문형을 이용합니다. 예컨대, '난 세계정세를 마이크와 논의했어.'는 'I discussed the world situation with Mike.'와 같이 표현하면 됩니다.

참고로, marry의 경우도 '전치사를 믿지 않는' 대표적인 타동사입니다. 예를 들어, '난 그녀와 결혼하고 싶어.'는 'I want to marry with her.'가 아니라, 'I want to marry her.'로 표현해야 올바른 문장이 됩니다.

이밖에도 enter(~로 들어가다.), attend(~에 참석하다.), resemble(~를 닮다.), await(~을 기다리다.), reach(~에 당도하다.), accompany(~와 동행하다.) 등도 자칫 전치사를 수반하는 자동사로 착각하기 쉬운 타동사입니다.

G·R·O·C·E·R·Y

타동사 oppose와 자동사 object의 용법

'반대하다'라는 동일한 의미를 전달하는 동사에는 oppose와 object가 있습니다. 하지만, 전자인 oppose는 뒤에 전치사 없이 곧바로 목적어를 취하는 타동사입니다. 예컨대, 'The students oppose the organized violence of war.'라고 하면 '학생들은 전쟁이라는 조직적인 폭력에 반대해.'라는 뜻이 됩니다.

반면, 동사 object는 자동사이기 때문에 뒤에 목적어를 취하기 위해서 전치사 'to'를 수반합니다. 따라서, 앞의 문장에서 oppose 대신 object를 사용하려면, 'The students object to the organized violence of war.'와 같이 전치사 to를 object 뒤에 삽입해야 어법상 올바른 문장을 구성하게 됩니다.

15 '지금 자리에 없다'고 '존재하지 않는 것'은 아니다! ⋮⋮⋮

Q : '그 사람은 이곳에 없습니다.' 어느 것이 올바른 표현일까요?
① He is not here.
② He is not in.

원어민이 전화를 걸어 옆자리의 동료를 찾는데, 마침 그가 잠시 부재중일 경우를 생각해 봅시다. 이때 '그가 자리를 비워 현재 이곳에 없다.'라는 의미로 다음과 같이 표현한다면 어떻게 될까요?

He is not here.
그 사람은 이곳에 없습니다.

이렇게 답변하게 되면, 듣는 사람에 따라 심하게는 '그런 사람은 이곳에 존재하지 않는다.', 즉 '그런 사람이 없다.'라고 이해할 수도 있습니다. 그 다음에 발생할 수 있는 오해의 내용은 굳이 언급할 필요조차 없을 것입니다.

He is not in.
그 사람은 이곳에 없습니다.

여기서 in은 전치사도 형용사도 아닙니다. 부사로 사용되어 '안에, 내부에'라는 의미를 전달하고 있습니다. 예컨대, 누가 찾아와 'Is Mike in?'이라고 하면, '마이크는 안에 있나요?'라는 뜻이 되는 것입니다.
위의 표현 이외에도 'He's out right now.(그분은 지금 자리를 비우셨습니다.)'라든지, 'He just stepped out.(그분은 방금 나가셨어요.)', 또는 'He's not at his desk.(그분이 지금 자리에 안 계시네요.)' 같은 문장도 자주 사용합니다. 물론, '그가 곧 돌아올 것이다'는 뜻에서 'He'll be back shortly.'라고 대답해도 좋습니다.

16 | 호텔 객실에서 '키'를 두고 나왔을 때

Q : '키를 잊어버렸어요.' 어느 것이 올바른 표현일까요?
① I forgot the key.
② I'm locked out of my room.

최신식 호텔은 객실 출입문을 닫으면 자동적으로 문이 잠기는 시스템이 갖추어져 있습니다. 이 때문에 한번쯤은 열쇠를 방에 두고 나와 불편을 당한 적이 있을 것입니다. 이럴 경우, 호텔 프런트에 가서 어떻게 말해야 할까요?

I forgot the key.
키를 잊어버렸어요.

당황한 나머지 이처럼 '키를 잊어버렸다.' 는 식으로 표현하게 되면 곤란합니다. '동사 forget' 에는 '무엇을 두고 나왔다.' 라는 뉘앙스보다는 '키에 대한 기억을 잊어버렸다.' 는 뉘앙스가 들어 있기 때문이죠.

I'm locked out of my room.
키를 잊어버렸어요.

문이 자동으로 잠겨 방에 들어가지 못하는 상태는 be locked out of(문이 잠겨 밖에 나와 있다.)로 표현하는 것이 좋습니다. 즉, key라는 단어는 쓰지 않고 표현합니다. 아파트의 경우라면, 'I'm locked out of my apartment.' 라고 하면 됩니다.
반면, 동사 forget을 이용하여 표현하려면 'I forgot my key in my room.(제 방에 깜빡하고 키를 두고 왔습니다.)' 라고 해야 정확한 의미를 전달하게 됩니다. 그리고, '키를 잃어버린' 의 경우에는 'I lost my key in my room.(키를 방안에서 잃어버렸어요.)' 라고 합니다.

17 | '퇴근'을 했다고 꼭 '집으로 간 것'은 아니다!

Q : '그녀는 집에 갔습니다.(퇴근했습니다.)' 어느 것이 올바른 표현일까요?
① She went home.
② She's gone for the day.

회사에서 일을 끝내고 '퇴근' 하는 것을 두고 흔히 '집으로 갔다.' 라고 표현합니다. 하지만, 실제로는 퇴근을 했다고 해서 반드시 집으로 간 것이 아닐 수 있습니다. 집에 가는 길에 어디 들리는 경우도 충분히 있을 수 있기 때문에, 이를 그대로 영어로 옮기면 예상치 못한 오해를 일으키게 됩니다.

회사에서 시간 외 근무를 하고 있는데, 이미 퇴근한 동료를 찾는 전화를 대신 받게 된 경우를 생각해 보기 바랍니다.

She went home.
그녀는 집에 갔습니다.(퇴근했습니다.)

이런 표현을 접한 원어민은 '그녀는 집으로 갔다.' 라고 생각하게 될 것입니다. go home이라는 표현에는 '퇴근했다.' 라는 의미를 나타낼 수 없기 때문입니다.

만약, 퇴근 후에 만나기로 한 약속을 확인하기 위해 걸려온 전화였다면, 그녀가 약속을 잊고 집으로 갔다고 오해를 받게 됩니다.

She's gone for the day.
그녀는 집에 갔습니다.(퇴근했습니다.)

이 표현은 '이미 퇴근했다.' 라는 사실을 나타낼 때 자주 쓰이는 표현입니다. 다만, 회사를 나간 것만 나타내기 때문에, 어디로 갔는지는 명확히 나타내지 않는 표현입니다.

여기서 주의해야 할 점은, 뒤에 'for the day(오늘의 경우에는)'를 꼭 붙여야 한다는 사실입니다. 'She's gone.'이 '그녀가 어디론가 가버렸다.'라는 뜻만 아니라 '타계했다.', 또는 '퇴사했다.'라는 의미까지 전달할 수도 있기 때문에, 반드시 for the day를 붙여야 큰 오해를 미리 막을 수 있다는 점을 잘 기억해 두세요.

18 | '피해'는 '주는' 것이 아니라 '일으키는' 것! ⋮⋮⋮

Q : '그 화제는 큰 피해를 주었어.' 어느 것이 올바른 표현일까요?
① The fire gave great damage.
② The fire caused great damage.

일상 생활에서 여러분이 즐겨 쓰는 표현 방식 때문에 잘못을 범하기 쉬운 예 중 하나로 '피해를 주다.'도 꼽을 수 있습니다.

The fire gave great damage.
그 화제는 큰 피해를 주었어.

'피해'를 뜻하는 damage 역시 일상생활에서 익숙하게 접하는 단어이기 때문에, 'damage[피해]를 주다.'라는 문구가 머릿속에 떠올라 동사 give를 사용하게 되면 잘못된 표현이 되고 맙니다.

The fire caused great damage.
그 화제는 큰 피해를 주었어.

damage라는 단어와 가장 잘 어울리는 동사에는 cause가 있습니다. 이 단어는 '~을 일으키다', '~의 원인이 되다.'라는 뜻입니다. 즉, '피해를 일으켰다.'라는 우리말로 바꿔 생각하면 올바른 영어로 말할 수 있을 것입니다. 참고로, '~을 주다, ~을 가하다.'라는 의미를 나타내는 동사 inflict를 써서 inflict damage라고도 할 수 있습니다.

한편, '(~로부터) 피해를 받다.'라고 할 경우에는 sustain damage, 또는 suffer damage라는 표현을 사용합니다. 또한, damage는 '피해를 주다, 파손하다'라는 뜻도 지닌 동사이기 때문에, The suitcase was damaged.(이 여행 가방이 망가졌어.)와 같은 표현도 자주 사용한다는 점도 같이 기억해 두세요.

Q : '역까지 가는 길을 가르쳐주시겠어요?' 어느 것이 올바른 표현일까요?

① Could you teach me the way to the station?

② Could you tell me the way to the station?

낯선 장소에서 다른 사람에게 길을 물어볼 때, '~로 가는 길을 가르쳐주세요.' 라는 표현을 사용하게 됩니다. 그렇다고 해서 '가르치다.' 를 동사 teach로 옮기면 이상한 표현이 되어버립니다.

Could you teach me the way to the station?
역까지 가는 길을 가르쳐주시겠어요?

동사 teach는 학교에서 선생님이 수업을 하는 행위와 같은 '교육을 위해 가르치는 것' 을 말합니다. 반면, 지리나 방향 같은 정보를 상대방에게 전하는 것은 교육적인 행위가 아니기 때문에 원어민의 입장에서 기본적인 뜻은 전달되더라도 올바른 표현과는 거리가 멀게 됩니다.

Could you tell me the way to the station?
역까지 가는 길을 가르쳐주시겠어요?

위의 표현을 '동사 tell=말하다.' 라는 식으로만 한정하여 기억하고 있다면 거의 구사하기 어렵습니다. 하지만, 동사 tell에는 원래 '~을 알리다, ~을 가르쳐주다.' 라는 의미가 포함되어 있다는 사실을 기억해 두어야 합니다. 이처럼 지리나 방향뿐만 아니라 구두로 간단하게 전달할 수 있는 것을 가르쳐 주는 경우에도 동사 tell을 쓸 수 있습니다. 예를 들면, '그 얘기 좀 가르쳐 줘!' 라고 할 때에도 'Please, tell me the story.' 라고 하면 됩니다. 반면, 상대방에게 지도를 보여주면서 방향을 가리켜 달라고 부탁할 때는 'Could you show me the way?' 라고 합니다. 다시 말해, 지도를 가리키며 길을 묻는 경우에는 동사 show를 쓰는 것이 좋다는 점도 함께 기억해 두세요.

20 '가다.'와 '오다.'도 뉘앙스를 살려야!

Q : '지금 갈게.' 어느 것이 올바른 표현일까요?
① I'm going.
② I'm coming.

가장 기본적인 동사에 속하는 go와 come의 정확한 사용 문제도 여러분에게서 흔히 발견되는 최대의 약점 중 하나입니다. 아직도 단순히 '가다=go, 오다=come'이라는 도식에 매달려 있다면, 여전히 이 문제 때문에 잘못을 범할 가능성이 큽니다.

그럼, 동사 go와 come이 관련된 대표적인 잘못된 표현을 살펴봅시다. 친구가 여러분을 불러서 '지금 갈게.'라고 말할 때, 동사 go와 come 중 어느 쪽을 써야 할까요?

I'm going.
지금 갈게.

'가다=go'라고 굳게 믿고 있으면 이런 실수를 범하게 됩니다. 이렇게 대답을 하게 되면, 원어민의 입장에서는 '친구가 어딘지 모르는 다른 곳으로 지금 가고 있다.'라는 뜻으로 들리게 됩니다. 즉, '이리로 오라고 했더니, 도대체 어디로 간다는 거야?'라며 이상하게 여기는 것은 물론, 상황에 따라서는 화가 날 가능성도 충분히 있을 것입니다.

I'm coming.
지금 갈게.

여기서 동사 come을 쓰는 이유는 '내가 상대방이 있는 곳으로 다가가기' 때문입니다. 원칙적으로 문장의 주어와 상대방이 서로 접근하게 되는 경우에는 come, 서로 멀어지게 되는 경우에는 동사 go를 씁니다. 이번 경우에는 주어 I가 상대방에게 다가가고 있으니까 동사 come으로 표현하는 것이 바람직한 것입니다.

또 다른 예로, 한 친구와 일식집에 가는 길에 다른 친구와 우연히 만나게 되어 '우린 일식집에 가는 중이야.'라고 표현하는 경우, 'We are going to the Japanese restaurant.'이라고 하면 됩니다.

반면, '같이 갈래?'라고 말할 경우, 'Why don't you come with us?'라고 합니다. 주어 you와 우리인 us가 서로 떨어져 멀어지는 게 아니라 가까워지기 때문에, 이 경우에도 동사 come으로 표현해야 하는 것입니다. 이점을 잘못 이해해서 'Why don't you go?'라고 말해 버리면, '저쪽으로 가지 그러니?'라는 뉘앙스가 되어 버려 서로 오해하게 될 가능성이 충분합니다.

한편, 초대받은 파티의 참석 여부를 묻는 경우에도 마찬가지입니다. 상대방에게 '파티에 갑니까?'라고 묻더라도, 여러분이 직접 가는지의 여부에 따라 동사의 표현이 달라집니다. 여러분도 함께 가는 경우에는 'Are you coming to the party?'가 되는 반면, 직접 참석하지 않는 경우에는 'Are you going to the party?'가 되는 것입니다.

주어가 I나 you가 아닌 경우, 즉 제3자인 경우도 원칙적으로 동일합니다. 예를 들면, A라는 도시에서 친구와 이야기를 나누는 중에 제3의 인물 B에 관해 언급하는 경우를 생각해봅시다. 만약, 화제의 인물 B가 A로 올 때에는 'B is coming to A.'라고 표현하고, 화제의 인물 B가 C라는 장소로 갈 때에는 'B is going to C.'라고 표현해야 합니다.

21 | '패션'이 멋지다?

Q: '그의 패션은 멋져.' 어느 것이 올바른 표현일까요?
① His fashion is nice.
② He has good taste in clothes..

상대방의 옷차림이나 액세서리 등이 멋지다고 해서 '패션이 멋지다.'라는 식의 영어로 표현하면 안 됩니다.

His fashion is nice.
그의 패션은 멋져.

패션(fashion)이라는 단어는 '특정인의 옷차림새'를 가리키는 것처럼 흔히 사용됩니다. 하지만, 영어의 fashion에는 '개인의 옷차림새'와 관련된 의미가 포함되어 있지 않습니다. 일반적인 의미의 '유행'이나 '양식, 방식'을 나타내기 때문에, his fashion이라고 말하면 '그의 방식'으로 이해됩니다. 같은 이유로, '그는 (옷 입는) 센스가 뛰어나다.'를 'His sense is good.'이라고 말하는 것도 원어민의 입장에서는 이해하기 곤란합니다. sense는 원래 오감(五感) 같은 '감각'을 나타내기 때문에 옷차림새와는 아무런 관련이 없습니다.

He has good taste in clothes.
그의 패션은 멋져.

개인의 미적 취향이나 취미와 관련해서는 'taste'라는 명사를 쓸 때 영어다운 표현이 가능합니다. 예컨대, 'have good[bad] taste in A'라고 하면, 'A 분야에 취향이 뛰어나다.(엉망이다)'라는 뜻을 전달하게 됩니다.
참고로, '유행에 맞아 멋진'과 같은 표현은 fashionable이나 stylish 등의 형용사를 사용합니다. 또한, 세련된 사람을 칭찬할 때에는 chic이나 sophisticated 등의 형용사로 표현하는 것도 좋습니다.

22 택시를 '타는 행위'와 '타고 있는 상태'의 뉘앙스 차이

Q: '지금 택시에 타고 있어.' 어느 것이 올바른 표현일까요?

① I'm taking a taxi now.

② I'm in a taxi now.

핸드폰(Mobile Phone)이 널리 보급되면서 이동 중에 연락을 주고받는 일이 많아졌습니다. 그렇다면, 친구를 만나러 가기 위해 '현재 택시에 승차하고 있다.' 라는 사실을 핸드폰으로 전하려면 어떻게 말해야 할까요?

I'm taking a taxi now.
지금 택시에 **타고 있어**.

'택시에 타다.' 를 'take a taxi' 라고만 기억하고 있으면 이런 잘못을 범하게 됩니다. take a taxi는 교통수단으로써 택시의 좌석에 발을 올리는 동작 자체를 나타내기 때문에, 어떤 상태의 계속이나 동작의 진행을 나타내는 현재진행형을 취할 수 없습니다. 물론, '택시를 탈 생각이야.' 라고 말할 때에도 '동작의 예정'을 나타내는 be going to를 이용하여 'I'm going to take a taxi.' 라고 표현합니다. 또, 'I'm getting in a taxi now.' 라고 하면, '지금 택시를 막 타려는 중이야.' 와 같이 택시의 좌석에 앉으려는 순간적인 상태를 나타냅니다.

I'm in a taxi now.
지금 택시에 **타고 있어**.

앞에서 언급한 잘못이나 오해를 피하기 위해, 이처럼 '지금 택시 안에 있다.' 라는 표현을 사용하는 것이 좋습니다. '~에 타다.' 라고 할 때는 원칙적으로 'get in'을 사용합니다. 버스나 전철 등 공공교통기관이나 비행기, 배 등을 탈 경우는 'get on'을 사용합니다. 그러므로, '지금 난 버스 안에 있어.' 는 'I'm on a bus.' 가 되는 것입니다. 참고로, '~에서 내리다.' 라는 표현은 'get out of(↔get in), get off(↔get on)' 라고 한다는 점도 잘 기억해 두세요.

23 '셀 수 있는 것'과 '없는 것'을 구분하라!

Q : '그것에 관한 많은 정보를 얻을 수 없었어.' 어느 것이 올바른 표현일까요?
① I couldn't get many informations about it.
② I couldn't get much information about it.

영어를 처음 배우기 시작할 때 누구나 단수와 복수의 구별 때문에 애를 먹기 마련입니다. 게다가 이 점에 지나치게 신경을 쓰다 보면 '셀 수 없는 명사(불가산 명사)'에까지 부정관사 a를 앞에 붙이거나, 복수형 어미 s를 뒤에 붙이는 실수를 범하게 됩니다.

불가산(不可算) 명사란 뜻 그대로 '수를 나누어 셀 수 없는 명사'를 말합니다. 따라서, 불가산 명사는 '숫자의 크고 작음'이 아니라 '양의 많고 적음'으로 표현해야 합니다.

I couldn't get many informations about it.

그것에 관한 **많은** 정보를 얻을 수 없었어.

얼른 생각하면 information(정보)은 그 수를 셀 수 있을 것 같지만, 영어에서는 집합적으로 사용되는 불가산 명사입니다. 따라서, 우선 뒤에 복수형 어미 s가 붙지 않습니다. 물론, 부정관사 a가 앞에 붙을 수도 없습니다. 그리고 many는 '어떤 대상의 숫자가 많은' 것을 나타내는 형용사이므로, many trees (수많은 나무들)에서와 같이 가산명사와 함께 쓰입니다.

반면, 불가산 명사 information 앞에서는 사용될 수 없습니다.

I couldn't get much information about it.

그것에 관한 **많은** 정보를 얻을 수 없었어.

information 같은 불가산 명사는 '수의 많음'을 나타내는 'many' 대신, '양의 많음'을 나타내는 'much'를 사용합니다. 일상회화에 자주 쓰이는 단어 중 advice(조언)나 experience(경험), homework(숙제) 등이 있는데, 이 또한 불가산 명사이기 때문에 much를 이용하여 양을 표현한다는 점에 주목하세요.

반면, '양이 적음'은 little로 표현합니다. 따라서, '그 책에서 별로 많은 정보를 얻지 못했어.'는 'The book gave me little information.'이라고 표현할 수 있습니다. 참고로, 가산 명사의 '수의 작음'은 few를 이용하여, '난 책이 거의 없어.'는 'I have few books.'와 같이 표현합니다.

아울러, 불가산 명사는 크게 water(물), juice(주스), iron(철) 같은 물질 명사나, knowledge(지식), health(건강)와 같은 추상명사로 구성된다는 점도 함께 익혀 두세요.

G·R·O·C·E·R·Y

불가산 명사를 세는 방법

불가산 명사는 원칙적으로 그 수를 셀 수 없지만, 간접적으로 그 수를 나타내는 다양한 표현을 이용하기도 합니다.

예컨대, water(물), wine(포도주) 같은 물질을 유리잔으로 마실 때에는 a glass of water(물 한 잔)나 a glass of wine(포도주 한 잔)과 같이 표현한다는 점은 잘 알려져 있습니다. 반면, 뜨겁게 해서 마시는 tea(홍차)나 coffee(커피)의 경우에는 유리잔 대신 컵을 이용하여 two cups of tea(홍차 두 잔)와 같이 표현합니다.

반면, information(정보)이나 advice(충고)는 물론, china(도자기), furniture(가구), lumber(목재)에 이르기까지 폭넓게 쓸 수 있는 구문은 '숫자+pieces of'입니다. 예를 들면, '정보 한 토막'은 'a piece of information', 그리고 '가구 3점'은 'three pieces of furniture'라고 표현합니다.

24 참는 데도 한도가 있다?

Q : '견딜만해요.' 어느 것이 올바른 표현일까요?
① I can endure that.
② I can live with that.

일상생활에서 사소한 실망이나 불편 사항은 거의 매일 일어나기 마련입니다. 그래서 '별 문제가 아니니 그냥 견디겠다.' 라고 상대방에게 말하고 싶을 때 어떤 표현을 써야 오해를 받지 않고 마음을 전할 수 있을까요?

I can endure that.
견딜만해요.

이런 표현을 쓰게 되면, 마치 상대방에게 여러분을 심하게 괴롭히지만 그래도 참겠다고 말하는 느낌을 주게됩니다.

동사 endure에도 '~을 참다.' 라는 뜻이 있지만, 이는 아주 노력해서 어려움이나 고통을 참는 것을 나타냅니다. 따라서, '그럭저럭 견딜만하다.' 라는 뜻을 전달하기에는 적절하지 않습니다. 그야말로 오해를 불러일으켜 예상치 못한 스트레스를 주고받을 가능성이 있습니다.

I can live with that.
견딜만해요.

'그냥 견디다.' 라는 뉘앙스를 살릴 때에는 'live with(~와 함께 견디며 지내다.)' 로 표현하는 것이 바람직합니다. '받아들이다, 감수하다.' 라는 의미가 포함되어 있어 일상회화에 자주 사용됩니다.

이같이 인내의 정도가 가벼울 때 'sit with(~와 함께 앉아 있다. → ~와 함께 견디며 지내다.)' 라는 비슷한 표현을 쓸 수도 있습니다. 예를 들어, 'You have to sit with the situation.' 이라고 하면, '자네는 그 상황을 견뎌야 해.' 라는 뜻이 됩니다.

한편, '아주 심각하게 참고 있다.' 라는 의미를 전달할 때에는 동사 endure, bear, stand 등을 사용합니다. 일반적으로 endure는 일정한 기간에 걸쳐 노력해서 참는 경우에, 나머지 두 동사는 고통이나 불행을 참는 경우에 쓰이는 경향이 있습니다.

예를 들면, '투병생활 동안 그녀는 고통을 견뎠다.' 라고 할 때에는 동사 endure를 써서 'She endured the pain.' 이라고 할 수 있습니다. 또한, '그는 슬픔을 견뎠어.' 라는 표현은 동사 bear를 써서 'He bore the sorrow.' 라고 합니다. 반면, '(고통 때문에) 이제는 더이상 참을 수 없어!' 라고 할 때 'I can't stand it anymore!' 라는 표현을 사용하게 되면 듣는 사람도 그 느낌을 충분히 공감할 수 있게 됩니다.

앞으로는 '참다, 견디다.' 라는 표현이 나오면 무조건 동사 endure를 떠올리지 말고, 그 정도와 상황에 적합한 표현을 쓰도록 노력하세요.

G·R·O·C·E·R·Y

생활방식을 나타내는 live

live는 '살다, 생활하다.' 라는 뜻으로 많이 알려져 있는 단어입니다. 이처럼 우리의 삶과 밀접히 연결된 기본 동사이기 때문에 live가 포함된 관용어가 무척 많습니다. 앞에서 살펴본 것처럼 'live with ~' 도 문맥에 따라 '~와 같이 살다.' 가 아니라 '~을 견디다.' 라는 뜻으로 사용됩니다.

또한, 'live up to ~' 는 '~에 부응하여 살다, ~에 맞추어 살다.' 라는 의미를 전달하는 관용구문입니다. 부모님이 기대하는 대로 살아 성공을 거둔 인물에게는 'He lived up to his father's expectation.(그는 아버지의 기대해 부응했어.)' 라고 표현할 수 있습니다.

반대로, 'He lives off his father.' 라고 하면 '그는 아버지한테 의존하고 생활해.' 라는 표현이 됩니다. 'live off ~' 가 '~에게 의존하여 생활하다.' 라는 뜻을 전달하는 관용구문이기 때문이죠.

25 '진한' 커피는 '강한' 커피로!

Q : '난 진한 커피를 좋아해.' 어느 것이 올바른 표현일까요?
① I like thick coffee.
② I like strong coffee.

커피나 홍차의 향이나 맛이 '진하다.' 라고 말할 때 'thick' 이라는 형용사로 표현해서는 안 됩니다. 우리가 매일 마시는 커피를 예로 들어 잘못된 표현을 고쳐보겠습니다.

I like thick coffee.
난 **진한** 커피를 좋아해.

형용사 thick에는 액체 종류의 물체가 '진하다, 빽빽하다.' 라는 의미가 포함되어 있지만, 커피나 차의 경우에는 적용되지 않습니다. 대신, 수프나 스튜 등에 적용되어, 'thick soup' 이라고 하면 '걸쭉한 수프' 를 나타냅니다. '빽빽하다, 밀집하다.' 의 의미도 있어서, 'thick hair' 라고 하면 '숱이 많은 머리' 가 됩니다.

I like strong coffee.
난 **진한** 커피를 좋아해.

잠에서 덜 깨어 흐릿한 정신을 '강하게 깨우는' 진한 커피를 상상해 보세요. 어떤 단어가 머리에 먼저 떠오르나요? 갑자기 strong이 머리에 떠오르지 않나요? '힘이 세다.' 라는 의미뿐만 아니라, 커피나 홍차가 '진하다.' 라는 의미도 'strong' 에 포함되어 있습니다. '강한 맛이나 향' 을 나타낼 때에도 'strong mints' 라고 표현할 수 있습니다. 또, 술의 도수가 높을 때도 'strong' 으로 표현합니다.

한편, 맛이 '연한 커피' 는 'weak coffee' 라고 합니다. '강하다.(strong)↔약하다.(weak)' 는 대조적인 의미에서 쓰이는 표현이므로 외우기 어렵지 않을 것입니다. 'mild coffee' 라는 표현도 있는데, 이는 수분이 많고 연한 커피가 아니라, '맛이 부드러운' 커피라는 뜻입니다. 또한, 수프에 물이 너무 많아 '묽을' 경우, 'watery soup(물기가 많은 수프)' 이라고 표현하는 것도 함께 익혀 두세요.

혼동하기 쉬운 notice와 notify

Q : '그들은 나한테 그 사고를 통지해줬어' 어느 것이 올바른 표현일까요?
① They noticed me the accident.
② They notified me of the accident.

업무 관계에서 누군가에게 뭔가를 알려준다고 할 때, '~을 통지하다.'와 같이 격식 있는 표현을 사용하게 됩니다.

They noticed me the accident.
그들은 나한테 그 사고를 **통지해줬어**.

영어에서는 위와 같은 문장처럼 '통지하다.'라는 의미를 전달하기 위해 동사 notice를 쓰는 경우가 거의 없습니다. 간혹, 동사 notice를 찾으면 '통지하다.'라는 의미가 있다고 적어놓은 사전도 있지만, 일반적으로는 동사 notice는 '눈치채다', 또는 '주의하다.'라는 뜻으로만 사용됩니다.

They notified me of the accident.
그들은 나한테 그 사고를 **통지해줬어**.

철자(spelling)까지 비슷해서 혼동하기 쉽지만, '~을 통지하다.'라고 할 때는 notice 대신 notify로 표현해야 합니다.

하지만, 동사 notify는 두 개의 목적어를 이어서 말할 수 없기 때문에, 통지할 대상(사람) 뒤에 'of+통지의 내용'을 연결하여 쓴다는 점에 주의하기 바랍니다.

또는, '사람+that절'을 취해 '그 사람에게 that 이하 절의 내용을 통지하다.'라는 식으로 문장을 구성하기도 합니다. 예컨대, 'They notified me that they made a decision over the matter.'는 '그들은 나에게 그 문제에 대해 결단을 내렸다고 통지했어.'가 되는 것입니다.

일상회화에서 '저에게 알려주세요.'정도는 'Please let me know ~.'면 충분하지만, 격식이 있는 자리에서는 'Please, notify me of ~.'라고 말하는 것이 이상적이라는 점 다시 한번 잘 기억해 두기 바랍니다.

27 | '~을 모르세요?' 라는 표현은 상대방의 반감을 일으킨다! ⋮⋮⋮

Q : '무슨 일인지 모르세요?' 어느 것이 올바른 표현일까요?
① Don't you know what's going on?
② Do you know what's going on?

상대방에게 어떤 사실이나 상황을 알고 있는지 물을 때 '~을 모르세요?' 라는 표현을 흔히 사용합니다. 하지만, 영어로도 똑같은 식으로 표현할 수 있다는 생각은 위험합니다. '모르다= do not know' 와 같이 부정문의 형태로 상대방에게 질문을 하게 되면 큰 실례가 될 수도 있어 주의를 요합니다.

Don't you know what's going on?
무슨 일인지 **모르세요**?

이 말은 원어민의 입장에서는 '무슨 일이 일어나고 있는지 당신은 모르는 거야!' 와 같은 뉘앙스로 들리게 됩니다. 다시 말해, 상대방이 무식하다고 비꼬는 인상을 줄 수 있습니다.
예를 들어, 주변이 시끄러운 가운데 상대방에게 큰 소리로 이렇게 말한다면, 상대방은 '당신은 이런 일도 모르는 거야!' 와 같이 받아들일 가능성이 아주 큽니다.

Do you know what's going on?
무슨 일인지 **모르세요**?

'~을 모르세요?' 라고 물어볼 때에는 철저히 영어식으로 고쳐 'Do you know ~?(~을 아세요?)' 와 같이 말해야 합니다.
같은 이치로, '제 말을 이해하시겠습니까?' 라고 상대방에게 물어볼 때에도 마찬가지의 원칙이 적용됩니다. 예를 들어, 여러분이 영어로 한 설명에 자신이 없어 'Don't you understand me?'라고 하게 된다면, '내가 하는 말을 모르겠소!'라며 깔보는 것처럼 들릴 수 있습니다.

심지어, 'Do you understand me?'라고 해도 다소 고압적으로 들리기 때문에 업무상에서는 'Are you following me?(지금까지 말씀 드린 것이 다 이해되세요?)'라는 좀더 부드러운 표현을 쓰는 게 바람직하다는 점도 잘 기억해 두세요.

또한, 'Can't you speak Korean?'과 같은 질문도 극히 위험합니다. can을 이런 식으로 사용하면 상대방의 능력을 직접적으로 묻는 것과 다름이 없어, '당신은 한국어도 못해?'라며 비웃는 것처럼 되기 때문입니다.

이럴 때에는 그냥 동사 do를 사용하여 'Do you speak Korean?'이라고 표현해야 한다는 점에도 주의하기 바랍니다.

G·R·O·C·E·R·Y

know에 k를 발음하지 않는 이유를 아시나요?

know를 '크노우'가 아니라 '노우'라고 발음하는 것은 영어를 조금이라도 공부해 본 사람이면 다 아는 사실입니다. 하지만, 정작 [k]를 발음하지 않는 이유를 정확히 알고 계신 분들은 뜻밖에 많지 않습니다.

know뿐만 아니라, knife(칼)나 knight(기사) 등 kn-으로 시작하되 [n]으로 발음하는 단어는 생각보다 많이 있습니다. 그러나 그 이유가 영어 철자의 불규칙성에 있는 것은 결코 아닙니다. 고대 영어에서는 사실 k라는 문자가 존재하지 않았답니다. 대신 c가 그 역할을 했었습니다. 그래서, know는 gecnawan으로, knife는 cnif, knight는 cniht 등과 같이 c를 이용하여 발음도 하고 기록도 했던 것이죠.

하지만 이 단어들을 수많은 사람들이 사용하면서 조금씩 그 형태가 바뀌는 가운데, 17세기에 이르러 말하기에 어렵고 거추장스러운 k의 발음이 떨어져 나가게 되었다고 합니다. 시험 삼아 know의 k에 발음을 넣어 지금 한번 읽어보세요. 아마, 그 이유를 실감할 수 있을 겁니다.

28 '미안하다'고 사과해도 나쁜 사람이 될 수 있다! ⋮⋮

Q : '내가 잘못했어.' 어느 것이 올바른 표현일까요?
① I was bad.
② I was wrong.

자신의 잘못이나 실수를 시인해서 '잘못했다.'라고 영어로 표현할 때, '잘못→나쁘다→bad'와 같은 발상을 하게 되면 미처 상상하지 못한 의미로 바뀔 수 있습니다.

I was bad.
내가 잘못했어.

이 문장을 심각한 표정으로 원어민에게 전달하게 되면, '저는 나쁜 사람이었어요.'라고 상대방에게 고백하는 것 같은 기묘한 느낌을 주게 됩니다. 사람을 bad로 표현하게 되면, 보통 도덕적, 성격적으로 품성이 나쁘다는 사실을 가리키기 때문입니다. 따라서, 'good'은 '품성이 선량한'의 의미로, 반대로 'bad'는 '품성이 부도덕한'의 의미로 기억해 두어야 합니다.

I was wrong.
내가 잘못했어.

본인이 잘못을 시인할 경우에는 bad 대신 'wrong'을 쓰는 것이 바람직합니다. wrong은 행동이나 판단 등이 '잘못된, 그른' 경우에 쓰이는 단어입니다.
또한, 과실을 시인할 경우에는 'It was my fault.'라는 말도 자주 사용합니다. 여기서 fault는 '과실, 잘못', 또는 '과실의 책임, 원인'을 나타내기 때문에, '그건 나의 실수였다, 내 탓이다.', 즉 '그건 내 잘못이다.'라는 뜻이 되는 것입니다.
물론, 상대방에게 사과하고 싶으면, 누구나 다 아는 'I'm sorry.'라는 말로 표현하세요.

'서비스'라고 해서 모두 '무료'는 아니다! ⠿

Q: '이것들은 서비스입니다.' 어느 것이 올바른 표현일까요?
① These are services.
② This is all provided as a service.

자주 들러 식사나 요리를 주문하는 고객이 오면 간혹 감사의 뜻으로 '서비스(무료)'를 제공하게 됩니다. 이때 그 고객이 원어민일 경우, 어떻게 표현을 해야 고객 위주의 서비스 정신을 제대로 전달할 수 있을까요?

These are services.
이것들은 서비스입니다.

사전을 찾아보면 service에는 여러 가지 뜻이 나와 있을 것입니다. 실제 service는 '접대, 봉사, 시중, 사업, 애프터서비스(after-sales service), 군대 등에서의 복무'와 같이 다양한 의미로 사용되지만, '식당에서 제공되는 무료 음식'이라는 뜻은 없습니다.

This is all provided as a service.
이것들은 서비스입니다.

군이 service(접대)라는 의미를 살려 말을 한다면, 위의 표현이 가장 적합합니다. '이것은 서비스로 모두 제공되는 것입니다.(따라서, 지불하실 필요가 없습니다.)'라는 뜻이 정확히 전달되기 때문입니다. 이와 같은 뜻으로, 'These are all free.(이건 모두 무료입니다.)', 'They're all free of charge.(이것 모두 무료입니다.)', 또는 'You don't have to pay a dime.(한 푼도 계산하지 않으셔도 됩니다.)' 등과 같은 표현도 흔히 사용된다는 점을 이 기회에 완전히 익혀 두세요.

30 | 생일도 제대로 '축하'하라!

Q : '생일 축하해요!' 어느 것이 올바른 표현일까요?

① Congratulations on your birthday!

② Happy birthday to you!

상대방의 생일을 기억하고 있다가 간단한 선물이나 E-mail 등으로 축하해 주는 것은 뜻밖에 신선한 감동을 안겨줍니다. 그로 인해 서로 관계가 친밀해지는 것은 물론, 업무 협조도 그만큼 긴밀해집니다. 하지만, 다음과 같이 상대방의 생일을 축하해서는 아주 곤란합니다.

Congratulations on your birthday!
생일 **축하**해요!

결론부터 말씀 드려서, congratulation을 상대방의 생일을 축하한다는 표현으로 사용하는 것은 옳지 않습니다. 그 이유는, congratulation on 다음에 나오는 축하의 대상이 반드시 '상대방의 노력을 통해 성취한 것'이어야 하기 때문입니다. 이를테면, 상대방이 나름대로 노력을 통해 회사에서 승진을 했다거나, 또는 어려운 시험을 통과했다거나 하는 경우에 이와 같은 표현을 사용한다는 것이죠. 반면, 생일은 상대방의 노력과는 무관하게 자연 현상(시간의 흐름)에 의해 1년에 한 번씩 치르는 행사이기 때문에, congratulation on의 대상이 될 수 없답니다.

Happy birthday to you!
생일 **축하**해요!

'Happy birthday to you!'는 원어민과 관계없는 일상생활에서도 자주 사용되는 문장이기 때문에 더 이상의 설명이 필요 없을 것입니다.

그럼에도 불구하고, 'Congratulations on your birthday!'와 같은 잘못된 표현을 흔히 사용하게 되는 것은, 'congratulations on'의 정확한 어법을 모른 상태에서 그냥 의미만 익혔기 때문입니다.

참고로, 'I wish you many happy returns of the day!'와 같은 문장도 생일 축하 인사로 자주 들을 수 있는 문장입니다. '앞으로도 이런 행복한 날이 많이 돌아오길 바란다!'라는 의미로 상대방의 생일을 축하하는 멋진 표현이죠.

G·R·O·C·E·R·Y

Congratulations도 너무 길다!

미국인들은 복잡하고 긴 표현을 싫어합니다. 그래서일까요? 'Congratulations on ~'도 너무 길다고 생각해서, 아래의 구어체 회화에서처럼 흔히 'Congrats on ~'과 같이 줄여 표현합니다. 아울러, 생일과 승진을 동시에 맞이한 사람을 축하할 때에는 'Happy birthday and congrats on your promotion.(생일과 승진을 축하해요.)'이라고 묶어 표현한다는 점을 확실히 익혀 두세요.

A : Happy birthday and congrats on your promotion, Mike.
   (생일과 승진을 축하해요, 마이크. * promotion 승진!)
B : Oh, thank you so much! I thought nobody would remember my birthday.
   (아, 너무 감사합니다! 전 아무도 제 생일을 기억하지 못하리라 생각했거든요.)
A : I have a good memory, you know.
   (제가 기억력이 비상하잖아요, 아시다시피 말이죠.)
B : I think you have a warm heart, too.
   (따뜻한 마음까지 갖고 계시다고 생각해요. * warm 따뜻한, 인정 있는)

31 | 잠은 'tight' 하게 자라?

Q : '푹 자렴!' 어느 것이 올바른 표현일까요?
① Sleep deeply!
② Sleep tight!

상대방이 고된 일과나 바쁜 일상으로 인해 파김치가 되어 잠을 청하려 할 경우, '푹 재', 또는 '잘 재' 라는 말로 인사를 대신하기도 합니다. 이 경우 어떻게 영어로 표현해야 할까요?

Sleep deeply!
푹 자렴!

실제로 '깊은 잠이 들다.' 는 'sleep deeply' 로 표현하지만, 아직 잠이 들지 않은 상대방에게 '푹, 또는 깊이 자!' 라는 뜻으로는 잘 사용하지 않기 때문에 주의를 요합니다.

Sleep tight!
푹 자렴!

'타이트한 일정' 과 같은 표현에서 볼 수 있듯이, 'tight' 는 '꽉 짜인, 빈틈이 없는' 등의 의미를 전달하는 형용사로만 알고 있습니다. 하지만, tight가 부사로 쓰일 때에는 '굳게, 잘, 푹' 과 같은 의미를 전달한다는 점을 놓치지 말아야 하겠습니다. 그래서 'Sleep tight!' 이라고 하면 '푹 자!, 잘 자!' 의 의미를 전달하는 관용구문이 되는 것입니다. 한편, sleep을 명사로 쓰는 경우, '깊은 잠' 은 'deep sleep' 이라고 표현합니다. 반대로, '얕은 잠' 은 'light sleep' 이라고 합니다. 그래서, '늘 깊은 잠을 잘 수 없는 사람' 을 두고 'light sleeper' 라고 하는 것입니다. 참고로, 'the long sleep', 또는 'the big sleep' 이라고 하면, 대개 '죽음' 을 나타내기 때문에 사용에 조심을 해야 합니다.

Chapter 2 | 의외로 널리 사용되는 Konglish 표현 바로잡기

32 | 전 영어를 잘(?) 못해요.

Q : '전 영어를 잘 못해요.' 어느 것이 올바른 표현일까요?
① I can't speak English.
② I can't speak English very well.

서양에 비해 동양은 상대적으로 간접적이고 겸손한 표현을 선호하는 편입니다. 그래서인지 영어를 잘하는 경우에도 '조금 한다.'라는 식으로 말하고, 영어가 다소 서툰 경우에는 '잘하지 못한다.'라는 식으로 말하는 경향이 강해 다음과 같은 실수가 빚어지기도 합니다.

I can't speak English.
전 영어를 잘 못해요.

원래 뜻하던 바와 달리, 이 말은 상대방에게 '전 영어라곤 한마디도 못해요.'라는 의미로 귀에 들리게 됩니다. 사실, 이 말을 하는 것만으로도 '한마디 이상의 영어'를 구사하는 셈이 되기 때문에 정확한 표현이 될 수 없겠죠. 영어를 할 수 없는 수준은 아니다. 그런데 '서투르다'는 뜻으로 생각했던 우리말의 '못한다'를 영어의 can't로 옮기다보니 영어는 완전히 까막눈이라는 뜻으로 변해버렸습니다.

I can't speak English very well.
전 영어를 잘 못해요.

'~을 잘하지는 못하다.'라는 의미는 'can't ~very well'로 표현합니다. 그래야 '무엇을 잘하지는 못하다, 무엇을 서투르지만 조금 한다.'라는 뜻이 제대로 살아나기 때문입니다. 참고로, 'I'm not good at speaking English.(전 영어로 말하는 데 능숙하지가 않습니다.)', 'I'm not fluent in English.(전 영어가 능숙하지 않습니다.)', 그리고 'I only speak a little English.(전 영어를 조금밖에 못합니다.)' 등도 같은 의미를 전달한다는 점 잘 익혀 두세요.

33 '재활용 센터'와 '중고품 가게'는 엄밀히 구분해야!

Q : '난 그 의자를 중고품가게에서 구입했어.' 어느 것이 올바른 표현일까요?
① I bought the chair at a recycle center.
② I bought the chair at the secondhand shop.

요즘 지역마다 환경도 생각하고 경제도 살찌우는 '재활용 센터(recycle center)'가 공익 목적으로 운영되고 있습니다. 그러다 보니, 기존의 '중고품 가게'까지도 일종의 재활용 센터로 인식하는 경향이 강합니다.

I bought the chair at a recycle center.
난 그 의자를 중고품 가게에서 구입했어.

사실, 'recycle center'라고 불리는 중고품 가게는 서양에 없습니다. recycle에 '재순환하다, 재활용하다.'라는 뜻이 있다고 해서, 중고품을 파는 가게를 'recycle center'라고 부르지는 않습니다.

I bought the chair at the secondhand shop.
난 그 의자를 중고품 가게에서 구입했어.

'중고품 가게', 혹은 '중고 용품점'을 표현하고 싶을 때는 secondhand shop이란 말을 써야 합니다. 여기서, secondhand는 '중고의, 중고품의'란 뜻을 전달하는 형용사입니다. 또한, 'thrift shop'이라고 불리는 가게도 있습니다. 주로 일반가정에서 불필요한 물건을 기부 받아, 사회봉사 목적으로 중고품을 싸게 파는 가게입니다. 오히려 이런 점에서 여러분이 자주 이용하시는 '재활용 센터'와 가장 가깝다고 할 수 있겠습니다. 참고로, 싸고 재미있는 물건을 찾을 수 있는 '벼룩 시장'은 'flea market'이라고 합니다. 'flea'는 문자 그대로 '벼룩'을 의미합니다.

34 '히어링 테스트'는 이비인후과에서 봐야!

Q : '내일 듣기 능력 시험을 볼 거예요.' 어느 것이 올바른 표현일까요?

① I'm going to take a hearing test tomorrow.

② I'm going to take a listening comprehension test tomorrow.

최근 시행 중인 대부분의 영어 시험에는 '듣기 영역'이 포함되어 있습니다. 그만큼 '영어를 듣는 능력'이 중요하다는 반증이기도 합니다.

그럼, 이처럼 '듣기 능력'을 측정하는 시험을 영어로는 어떻게 표현할까요?

I'm going to take a hearing test tomorrow.
내일 **듣기 능력 시험**을 볼 거예요.

이렇게 말을 하면 원어민의 입장에서는 내일 '영어 듣기 능력 시험'이 아니라 이 비인후과에서 '청각 검사'를 받을 예정이라 고 이해할 것입니다. 왜냐하면, 'hearing'이 란 '말을 알아듣는 능력'이 아니라, '청각'을 나타내는 단어이기 때문입니다.

I'm going to take a listening comprehension test tomorrow.
내일 **듣기 능력 시험**을 볼 거예요.

'듣고 이해하는 능력'은 listening comprehension, 또는 줄여서 listening이라고 해야 합니다.

'듣다.' 라는 의미를 전달하는 대표적인 동사로는 'hear' 와 'listen' 을 꼽을 수 있습니다. 물론, 이 두 동사를 일상생활 속에서 사용할 때에도 각각 주의를 요합니다. 예컨대, '영어 듣기 능력이 약하다.' 라는 뜻을 나타내기 위해 'My hearing is poor.' 라고 하면 상대방은 큰 소리로 말하기 시작할 것입니다. '귀가 나쁘다.' 라고 이해했기 때문입니다.

반면, '할아버지께선 귀가 어두우셔.' 라고 할 경우에는 hearing을 써서 'My grandfather has a trouble with his hearing.' 이라고 하면 됩니다.

G·R·O·C·E·R·Y

시험과 관련된 몇 가지 이야기

다시 시험 이야기로 돌아와서 참고로 몇 가지만 정리해보겠습니다. '필기 시험' 은 'written test' 또는 'written examination' 으로 표현하는 것이 일반적입니다.

또한, '퀴즈' 라고 하면 일반적으로 문제를 상대방에 내고 상대방이 답하는 놀이를 말합니다. 하지만, 영어에서는 quiz가 학교에서 실행되는 '간단한 구두 시험' 을 흔히 가리키고, 그 자체로서 '질문' 이란 뜻도 담고 있습니다. 이와 같은 의미를 모르면, 미국 학교에서는 거의 매일 게임이나 하면서 논다고 오해하게 됩니다.

참고로, 시험 유형 중 하나인 '객관식 시험' 은 'multiple-choice test' 라고 합니다. '다수의 항목에서 답을 고르는 시험' 이란 뜻이죠. 반면, O/×로 답을 내는 시험은 'true-false test' 라고 합니다. 함께 익혀 두면 많은 도움이 될 겁니다.

35 | 어떤 사람을 '스마트' 하다고 할 수 있나요? ⠿

Q: '넌 정말 스마트 해.' 어느 것이 올바른 표현일까요?
① You are very smart.
② You are slender.

누구든 어떤 사람의 몸매에 대해 직접적으로 말하는 것은 예의가 없는 행위가 됩니다. 심지어 직장에서는 일종의 성희롱으로 규탄받을 수도 있습니다. 그러나 친구사이에 '날씬하고 예쁜' 친구를 칭찬하고 싶을 때도 분명 있죠.

You are very smart.
넌 정말 스마트해.

언제부터인가 중고등학교 교복 시장에서 '스마트' 라는 브랜드가 유명해지면서, 'smart' 라고 하면 '날씬하고 멋지다.' 라는 인상을 갖게 된 것 같습니다. 하지만, 영어의 smart한 것과 체형은 전혀 관계가 없습니다. 그냥 smart는 '머리가 좋다, 똑똑하다.' 라는 사실을 나타내는 단어일 뿐이기 때문이죠.

You are slender.
넌 정말 스마트해.

'날씬하다.' 라고 칭찬하려면 '형용사 slender' 로 표현하거나, 아니면 같은 의미의 '형용사 slim' 으로 표현하세요. 반면, thin이란 단어는 그냥 마른 상태를 나타내기 때문에 상대방을 칭찬하는 단어로 사용하기 곤란합니다. 아무리 날씬한 것이 유행이라고 해도, '보기 흉하게 야윈 모습' 을 연상시키기 때문입니다.

또한, skinny나 bony 같은 형용사도 '피골이 상접하다, 뼈만 남았다.' 와 같은 의미로 사용되기 때문에, 'You're so skinny.' 라고 하게 되면 상대방을 모욕하는 것과 마찬가지가 된다는 점에도 주의하세요.

36 '백 넘버(Back Number)'도 Konglish!

Q : '저 선수의 백 넘버가 어떻게 되나요?' 어느 것이 올바른 표현일까요?

① What is the player's back number?

② What is the player's uniform number?

운동선수의 선수복(uniform) 뒤에 새겨진 숫자를 '백 넘버(Back Number)', 혹은 '등 번호'라고 말합니다. 그렇다면, 영어로도 흔히 표기되는 '백 넘버'라는 표현은 과연 올바를까요?

What is the player's back number?

저 선수의 **백 넘버**가 어떻게 되나요?

영어에서 'back number'는 '등 번호'가 아니라, 월간지 등의 '과월호(=out-of-date issue)', 또는 '시대에 뒤떨어진 사람'을 말합니다. 따라서, 상대방에게서 이런 말을 들은 원어민의 입장에선 고개가 절로 갸우뚱거리게 되는 건 오히려 자연스러운 일입니다.

What is the player's uniform number?

저 선수의 **백 넘버**가 어떻게 되나요?

'선수복 뒤에 새겨진 번호'라는 뜻의 '등 번호'는 'uniform number'라고 해야 올바른 표현이 됩니다. 또는, 그냥 'number'만을 사용해서, 'What number is he?(그는 몇 번이죠?)'라고도 표현합니다.

이와 같은 이치로, 'What's his number?(그의 번호가 뭐죠?)'라든지, 아니면 'What number does he wear?(그가 몇 번을 등에 달고 있죠?)'처럼 다양하게 표현하기도 한다는 것을 함께 잘 기억해 두세요.

37 ‘narrow’와 ‘narrow-minded’의 차이

Q : ‘당신은 속이 좁군요.’ 어느 것이 올바른 표현일까요?
① Your mind is narrow.
② You’re narrow-minded.

생각하는 게 너무 옹졸하고 꽉 막혀 있을 경우 ‘속이 좁다.’라는 표현을 씁니다. 그렇다면, 평소 지나치게 속이 좁은 처신을 하는 상대방에게 다음과 같이 말한다면 어떻게 될까요?

Your mind is narrow.
당신은 속이 좁군요.

이렇게 표현하면 상대방에게 기본적인 뜻은 어느 정도 전달되겠지만, 원래 의도하던 정확한 뜻을 밝혔다고 보기에는 어렵습니다. 어떤 물체나 공간의 폭이 좁을 경우에는 ‘narrow’를 이용하여 묘사하지만, ‘사람의 속’을 나타낼 때에는 사용되지 않기 때문입니다.

You’re narrow-minded.
당신은 속이 좁군요.

이처럼 ‘사람의 속’을 나타낼 때에는 ‘-minded(~한 마음씨를 지닌)’를 뒤에 붙입니다. 따라서, ‘속이 좁은’ 사람은 ‘narrow-minded’, 반대로 ‘속이 넓은’ 사람은 ‘open-minded’라고 표현하는 것입니다.

이 밖에도, ‘You are not flexible in your thinking.(생각에 융통성이 없군요.)’, ‘You never listen to what others have to say.(남의 말을 전혀 귀담아듣지 않는군요.)’ 등도 이와 비슷한 의미를 전달할 때 자주 사용되는 표현입니다.

Q : '소주는 한국인에게 인기가 좋아.' 어느 것이 올바른 표현일까요?

① Soju is popular in Koreans.

② Soju is popular among Koreans.

영문법에서 익힌 전치사 용법을 회화에서 제대로 구사하기란 쉬운 일이 아닙니다. '소주는 한국인에게 인기가 좋다.'라는 문장을 통해 이를 검증해 볼까요?

Soju is popular in Koreans.

소주는 한국인에게 인기가 좋아.

얼른 봐서는 틀린 게 없는 것처럼 보일지 모릅니다. 하지만, 이 표현은 앞에서 지적한 것처럼 전치사를 잘못 선택했기 때문에 본래의 의미를 정확하게 전달하지 못하고 있습니다.

Soju is popular among Koreans.

소주는 한국인에게 인기가 좋아.

전치사 'in'은 장소를 나타내는 전치사입니다. 물론, 이때 그 장소는 규모나 면적이 큰 곳이어야 합니다. 그래서 '전 서울에 삽니다.'를 'I live in Seoul.'이라고 표현하죠. 반면, 규모나 면적이 작은 곳은 전치사 'in' 대신 'at'을 사용합니다. 예컨대, '전 언덕 밑에서 삽니다.'는 'I live at the foot of a hill.'이라고 표현합니다. 그러나 '셋 이상으로 구성된 대상 사이에서'의 의미를 나타낼 때에는 전치사 'among'을 써야 합니다. 소주가 '한국인에게' 인기가 좋다는 것은, 곧 소주가 '다수의 한국인 사이에서' 인기가 좋다는 것을 말하기 때문에, 전치사 in 대신 among을 사용해야 하는 것입니다. 참고로, '둘 사이에서'는 전치사 'between'을 씁니다. 따라서, '너와 나 사이에서'는 'between you and me'라고 표현하죠.

39 | '펑크' 난 타이어는 납작하다!

Q : '타이어가 펑크났어.' 어느 것이 올바른 표현일까요?
① The tire is punk.
② I've got a flat tire.

운전 중에 타이어가 '펑크' 나는 것처럼 황당한 경우도 흔치 않습니다.
하지만, '펑크(punk)' 라는 단어를 아무리 정확히 발음하더라도 원어민에게는 의미가 절대 통하지 않습니다.

The tire is punk.
타이어가 **펑크**났어.

이렇게 말하면 원어민의 귀에는 '이 타이어는 불량 학생입니다.' 라고 말하는 것처럼 들릴 뿐입니다. 영어에서 명사 'punk' 는 대개 '불량 학생, 조무래기' 를 가리키거나, 1970년대 영국에서 유행한 반항적인 펑크 록(punk rock) 계열의 스타일이나 복장을 의미하기 때문입니다.

I've got a flat tire.
타이어가 **펑크**났어.

'형용사 flat' 은 '평평한, 납작한' 과 같은 뜻으로 알려져 있지만, 오늘날 주류 영어로 불리는 북미 (미국, 캐나다) 영어에서는 타이어의 바람이 갑자기 빠져나가 탄력을 잃어 '납작해진 상태' 를 가리키기도 합니다. 같은 표현으로, 'The tire went flat.' 이라고도 합니다. 또, 회화에서는 명사처럼 쓰여, 'I had a flat.' 이라는 표현도 자주 사용되곤 합니다. 반면, 영국에서는 아파트를 flat이라고 표현하기 때문에, '난 아파트 한 채가 있어.' 라는 엉뚱한 뜻으로도 해석될 수 있습니다.

또한, 영국식 영어에서는 타이어가 펑크 났을 경우, 'I've got a puncture.', 또는, 'I've got a punctured tire.'라고 표현합니다. 따라서, 'punk'가 'puncture'라는 외래어를 잘못 받아들이면서 만들어진 것임을 쉽게 짐작할 수 있습니다.

아울러, '펑크 난 타이어를 수선하다.'라고 할 때도 미국에서는 'fix a flat'이라고 하는 반면, 영국식 영어권에서는 'mend a puncture'라고 표현해야 오해를 피할 수 있습니다.

이밖에 영어권 국가에서 자동차 주행 중 일어날 수 있는 몇 가지 표현도 함께 익혀 보겠습니다. 가령, '배터리가 나갔다.'라고 할 때에는 그냥 'The battery is dead.'라고 합니다. 시동이 안 걸리는 경우에도 어렵게 생각할 필요 없이 'I can't start the engine.'이라고 하면 됩니다. 또, 주행 중에 엔진에서 이상한 소리가 들릴 때에는 'The engine makes a strange noise.'라 하고, 엔진 자체가 고장이 나서 차가 꼼짝하지 않을 때에는 'My car stalled.'라고 표현합니다.

또, 정확한 이유는 모르지만 어딘가가 좋지 않을 때에는 'Something is wrong with ~.(~의 상태가 뭔가 이상해요.)'와 같이 말하는 것도 한 가지 방법이겠죠.

그리고 아무 이유 없이 자동차의 시동이 걸리지 않을 때에는 'My car broke down.(차가 고장 났어요.)' 같은 표현을 사용할 수 있습니다.

G·R·O·C·E·R·Y

driveway는 집 속에 있다!

먼미국에서 렌털 카(rental car)를 이용하여 운전할 경우, 각종 도로의 명칭에도 신경을 써야 합니다. 고속도로는 freeway나 expressway라고 부르는 것이 일반적입니다.

여러분 가운데는 경치가 멋지고 드라이브하기에 좋은 도로를 '드라이브웨이(driveway)'라고 부르는 분도 계실지 모르지만, 영어에서 'driveway'는 개인 주택의 정원 입구에서 현관이나 차고에 이르는 차도를 의미하기 때문에 주의를 요합니다.

또한, 유료 도로 전반을 말할 때는 '사용료'를 의미하는 'toll'을 붙여서 'toll way'라고 합니다. 그리고 'toll'을 정산하는 '요금 정산소'는 'toll booth'라고 합니다.

40 | '시범 경기' = 'exhibition game'

Q: '어제 시범 경기를 관람했어' 어느 것이 올바른 표현일까요?
① I watched an open game yesterday.
② I watched an exhibition game yesterday.

프로 야구를 즐기는 분들은 지루한 겨울이 지나고 봄이 오면 몸과 마음이 후끈 달아오릅니다. 그리고 파릇파릇 잔디가 돋기 시작하는 구장으로 나가 '시범 경기'를 열광적으로 관람하곤 합니다.

I watched an open game yesterday.

어제 **시범 경기**를 관람했어.

이렇게 영어를 구사하게 되면, 원어민의 입장에서는 상대방이 'opening game'을 'open game'으로 잘못 알고 말한 것처럼 생각하기 쉽습니다. 왜냐하면, 야구 용어로 'open game'은 없지만, 'opening game'은 '개막 경기'를 뜻하기 때문이죠.

I watched an exhibition game yesterday.

어제 **시범 경기**를 관람했어.

야구의 종주국 미국의 메이저리그(Major League)에서는 정규 시즌 이전에 공개적으로 갖는 경기라는 의미에서 '시범 경기'를 'exhibition game'이라고 합니다. 또는, 시즌 이전에 갖는 경기라는 뜻에서 'pre-season game'이라고도 합니다.

이밖에 야구와 관련하여 흔히 잘못 쓰곤 하는 표현을 몇 가지 정리해 보겠습니다.

'야간 경기'는 'night game'이라고 합니다. 그런데 이것을 착각하여 'night baseball'이라고 하면 큰 오해를 받을 가능성이 있습니다.

예를 들어, 야구를 취미로 즐기는 어떤 사람이 원어민에게 '어제 야간 경기를 했어요.'라는 말을 'I played night baseball yesterday.'라고 하게 되면, 상대방이 황당하게 받아들일 겁니다. 'night baseball'은 속어로 '섹스', 또는 '페팅'의 의미로 쓰이기 때문에, 상대방에게 뻔뻔스럽게 '전 어제 섹스를 즐겼어요.'라고 말하는 셈이 되는 것입니다.

한편, 봄에 시작해서 가을에 끝나는 '정규 시즌'은 문자 그대로 'regular season'이라고 부릅니다.

이렇게 'regular season'이 끝나면 상위 팀끼리 'play-off'에 들어가게 되고, 그 다음부터는 'post season'이 이어지게 됩니다. 그리고 양대 리그 최고 구단을 가리는 시리즈를 'World Series', 그 승자를 'World Champion'이라고 합니다.

G·R·O·C·E·R·Y

game과 match, 어떻게 다를까요?

'시합'을 나타내는 영어에는 'game'과 'match'라는 두 가지 단어가 있습니다. 이 두 단어의 차이점은 무엇일까요?

원칙적으로 해당 경기 이름의 끝에 '-ball'이 들어가는 야구(baseball)나 미식 축구(football), 그리고 농구(basketball) 등의 스포츠에 대해는 game을 씁니다.

이쯤에서 이미 감을 잡으신 분들도 계시겠지만, '-ball'로 끝나는 스포츠는 모두 '단체 경기'입니다. 그래서 축구(soccer)는 '-ball'로 끝나지는 않지만 단체 경기이기 때문에, 'soccer game(축구 경기)'이라고 합니다.

반면, 테니스(tennis), 배드민턴(badminton), 볼링(bowling), 권투(boxing), 레슬링(wrestling) 등 개인 종목 중심의 스포츠는 모두 match로 표현합니다.

41 '트레이닝복'은 '운동복'이 아니다!

Q : '난 운동복 셔츠와 바지를 가져갈 거야.' 어느 것이 올바른 표현일까요?
① I' ll bring my training shirt and pants.
② I' ll bring my sweat shirt and pants.

일명 '추리닝'이라고 부르는 '트레이닝복'은 가볍고 편해서 운동하기에는 안성맞춤인 복장입니다. 주말에 원어민 친구와 테니스를 치기 위해 필요한 복장이나 도구에 대해 얘기를 나누고 있다고 가정해 보겠습니다.

I'll bring my training shirt and pants.
난 운동복 셔츠와 바지를 가져갈 거야.

이렇게 말하면 원어민의 입장에서는 '군사 훈련용 셔츠와 바지'를 가져와서 뭘 하겠다는 건지 의아하게 생각하게 될 것입니다. 영어로 'training'은 각종 '훈련'이나 '단련'을 의미하기 때문입니다.

I'll bring my sweat shirt and pants.
난 운동복 셔츠와 바지를 가져갈 거야.

'추리닝'이나 '트레이닝복' 모두 잘못된 영어에 바탕을 둔 표현입니다. 영어로 '운동복'은 'sports wear', 또는 'sports clothes'라고 합니다. 그리고 이번 경우처럼 윗옷과 바지를 구분해서 말할 때에는 'sweat shirt and pants'라고 합니다.

참고로, 'training pants'에는 기저귀를 뗄 시기에 아기가 대소변을 가리는 훈련을 위해 특별히 입히는 팬티라는 뜻이 포함되어 있으니, 사용에 각별히 주의해야 하겠습니다. 아울러, 주로 넥타이를 매게 되는 정장용 셔츠를 'Y-shirt'라고 표현해도 원어민에게는 전혀 의미가 통하지 않습니다. 이는 'white shirt(흰색 셔츠)'의 발음을 일본식으로 처리하면서 생겨난 '와이셔츠'에서 유래한 것이기 때문입니다. 영어에서 'shirt'는 모든 종류의 셔츠를 다 가리키며, 특별히 양복과 같이 입는 셔츠를 'dress shirt'라고 합니다.

42 | '브랜드'가 '고급 제품'이 아닌 까닭은?

Q : '그녀는 고급 제품을 좋아해.' 어느 것이 올바른 표현일까요?
① She loves brand.
② She loves name brands.

언제부터인가 '브랜드'라고 하면 '고급 제품'을 가리키는 보통 명사처럼 사용되고 있습니다. 그래서 '일류 제품'도 '일류 브랜드'라는 표현으로 대신하기도 합니다.

She loves brand.
그녀는 고급 제품을 좋아해.

영어에서 'brand'는 그냥 '어떤 제품의 상표'를 뜻합니다. 따라서, 그 상품의 지명도나 품질과는 아무런 관계가 없습니다. 예를 들어, 길거리에 아무렇게 늘어놓고 헐값에 파는 무명 업체의 제품도 그 나름의 상표, 즉 'brand'를 갖기 때문입니다.

She loves name brands.
그녀는 고급 제품을 좋아해.

여기서 'name'은 '이름'을 뜻하는 명사가 아니라, '유명한, 일류의'와 같은 의미를 전달하는 형용사라는 데 주의해야 합니다. 따라서, 'a name brand'라고 하면 이른바 '유명 상표', 즉 '일류 상품'을 정확히 표현할 수 있게 됩니다.

이와 동일한 의미로 'brand name products'란 말도 가능합니다. 반면, 영국 영어에는 'products with famous names(유명한 이름이 부착된 제품)'라는 다소 장황한 표현이 일반적입니다.

참고로, 디자이너의 이름이 상표로 사용되는 옷은 'designer clothes,' 또는 'designer dress'라고 하기도 합니다. 그리고 스카프나 가죽 제품 등의 경우에는 'designer goods(디자이너 상품)'라는 표현을 씁니다.

43 '팬티스타킹'에는 국적이 없다?

Q : '제 팬티스타킹의 올이 나갔어요.' 어느 것이 올바른 표현일까요?
① I had a run in my pantystocking.
② I had a run in my panty hose.

이번에는 좀 더 색다른 주제로, 여성들이 자주 착용하는 '팬티스타킹'은 과연 정확한 영어 표현인지 함께 확인해 볼까요?

I had a run in my pantystocking.
제 **팬티스타킹**의 올이 나갔어요.

우선 'pantystocking' 자체가 영어 사전에는 존재하지 않는 konglish입니다. 이렇게 표현하게 되면, 원어민의 입장에서는 'panty and stocking(팬티와 긴 양말)'과 같은 식으로 이해할 가능성이 매우 큽니다.

I had a run in my panty hose.
제 **팬티스타킹**의 올이 나갔어요.

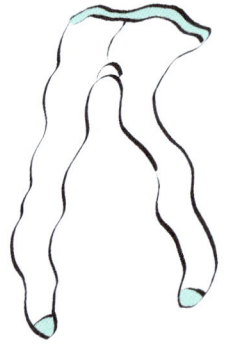

여기서 말하는 '팬티스타킹'은 영어로 'panty hose'라고 합니다. 'pantyhose', 또는 'pantihose'라고 표기하기도 합니다. 'hose'에는 '수도관'이나 '호스'라는 의미도 있지만, '스타킹', 또는 '목이 긴 양말'이라는 뜻도 있습니다.

또한, 'stocking'은 어느 정도의 목이 긴 양말이나 무릎까지 오는 여성용 스타킹을 표현할 때 쓰는 단어입니다. 반면, 목이 짧은 양말은 'socks'라고 합니다.

뿐만 아니라, 'pants'라는 단어도 조심할 필요가 있습니다. 미국에서는 '바지'를 나타내는 일반적인 단어로 사용됩니다. 'slacks'도 '평상복 바지'를 가리키는 단어로 사용되기도 합니다. 하지만, 영국에서는 'pants'라고 하면 보통 '남성 속옷'을 의미하기 때문에, 이 단어로 인해 오해가 생길 가능성도 있습니다.

예를 들어, 늘 바지만 입는 여자 친구에 관해 얘기할 때, 'She only wears pants.'라고 하면, 영국 사람의 입장에서는 '남성용 속옷밖에 입지 않는 여성'의 모습을 상상하게 될 것입니다. 또한, 영국에서는 '바지'를 가리킬 때 'trousers'를 씁니다.

참고로, 미국에서는 '속옷'이라는 표현을 할 때 남녀 구별 없이 'underwear'를 사용하면 무난합니다. 굳이 '여성용 속옷'으로 한정하고 싶을 때는 'panties'를 쓰면 됩니다. 또, '남성용 속옷'을 표현할 대는 'undershorts', 또는 'underpants'라고 하면 됩니다.

G·R·O·C·E·R·Y

pants가 포함된 재미있는 관용 표현

'pants'가 등장하는 관용어는 그 장면을 상상하면 재미있고 쉽게 이해가 가는 것이 많습니다. 예를 들어, 'catch someone with the pants down'는 직역하면 '바지를 내리는 중인 누군가를 잡다.'가 됩니다.

이런 의미로 생각해보면 '~를 기습하다.'라는 뜻으로 사용되는 관용 구문입니다. 또한, 돌발적인 위험 상황에 빠져 곤란해진 생태를 'with one's pants down'이라고 표현하기도 합니다. 'He scared the pants off me.'라고 하면, '그는 나에게 바지를 벗기겠다고 위협했다', 즉 '그는 나를 공포에 빠뜨렸다.'가 되는 것입니다.

또, '부부 사이에서 주도권을 장악하다.'라는 의미도 'wear the pants(영국에서는 pants 대신 trousers를 사용)'라고 표현합니다. 예컨대, 'She is the one who wears the pants.'는 '부부 사이에서 주도권을 장악한 사람은 그녀야.'라는 뜻이 됩니다.

44 | '원룸'은 우리나라만의 것?

Q : '난 원룸에서 살고 있어.' 어느 것이 올바른 표현일까요?
① I live in a one-room.
② I live in a studio apartment.

주거용 토지는 부족한데 인구가 계속 증가하다 보니, 주방과 화장실 시설을 간략하게 갖춘 '원룸' 형 주거 시설이 최근 젊은이들 사이에서 급속히 인기를 얻고 있습니다. 원어민과 서로 친해지는 과정에서 꼭 나누게 되는 얘기 중 하나가 자신의 주거 시설에 관한 내용입니다.
자, 그럼, 이 '원룸'은 영어로 어떻게 표현해야 하는지 확인해보기 바랍니다.

I live in a one-room.
난 **원룸**에서 살고 있어.

주변에서 누구나 아무런 거리낌없이 '원룸'이라는 영어식 표현을 사용한 다고 해서 위의 경우처럼 그냥 'one-room'이라고 말해서는 곤란합니다. 이렇게 표현하면 원어민의 입장에서 는 그냥 'I live in a room.(난 방에 살고 있어.)'이라는 밑도 끝도 없는 애매모호한 설명이 되어 버립니다.

I live in a studio apartment.
난 **원룸**에서 살고 있어.

영어에서 'studio'는 '촬영장'이라는 뜻 이외에도 요즘 유행하는 '원룸'처럼 '주방 과 욕실이 딸려 있는 방'을 나타냅니다. 영국식 영어에서도 'one-room'이라는 단어는 사용하지 않습니다. 주로, 'bet-sitter', 또는 'bet-sitting room'이라고 합니다. 그 다음, 'studio' 뒤에 꼭 'apartment'가 따라와야 하는 이유에 대해 정리해 보겠습니다.

여러분은 주로 10층 이상 되는 고층 주거용 건물을 '아파트'라고 합니다. 따라서, '원룸'의 경우에는 특별한 경우가 아니라면 '아파트'에 해당하지 않는다고 누구나 생각하게 됩니다. 하지만, 영어에서는 이치가 달라집니다. 모든 '집합 주택', 또는 '공동 주택'은 'apartment'의 범주에 속합니다. 이를 좀 더 정확히 표현하자면, 그 '집합 주택(공동 주택)'에서 각 가구가 거주하는 공간을 'apartment'라고 합니다. 반면, 그 건물 전체는 'apartment building', 또는 'apartment house'라고 표현합니다. 그리고 이 '아파트'의 규모나 구조를 나타낼 때에는 'bedroom(침실)'의 숫자로 표현하는 것이 일반적입니다. 예컨대, 'three bedrooms'라고 하면 거실이나 주방 외에 방이 세 개 있는 아파트를 나타냅니다.

참고로, 영국에서는 'apartment'라는 표현을 사용하지 않으므로 주의를 요합니다. 앞에서도 한 번 언급하고 넘어갔듯이, 영국 사람들은 '아파트'를 'flat'이라고 하고, '아파트 건물 전체'는 'a block of flats'라고 표현합니다.

G·R·O·C·E·R·Y

잘못 쓰이고 있는 '콘도'와 '빌라'

휴양지에서 많이 볼 수 있는 '콘도'는 영어의 'condominium'에서 온 일종의 외래어입니다. 하지만, 영어권에서 사용되는 'condominium', 또는 그 줄임말인 'condo'는 휴양지에 건립된 '콘도'와는 아무런 관련이 없습니다. 다만, '임대'가 아닌 '분양'의 형태로 보급된 '일반 아파트'를 가리킬 뿐입니다.

또한, '아파트'와 대비되는 개념에 해당하는 '빌라(소규모 공동 주택)'도 영어의 'villa'가 지닌 원래 의미에서 많이 벗어나 있어 주의를 요합니다. 영어권에서 말하는 'villa'는 '시골이나 도시 교외에 있는 고급 주택', 또는 '별장'을 의미하기 때문입니다.

45 | 미국에는 '에어컨'이 없다?

Q : '에어컨이 작동하지 않네요.' 어느 것이 올바른 표현일까요?
① The air-con doesn't work.
② The air conditioner doesn't work.

이제는 무더운 여름철을 '에어컨' 없이 지내기가 어려운 분들이 많습니다. 그러다보니, 한여름에 '에어컨'이 고장나는 일만큼 곤란한 경우도 없을 것입니다.

The air-con doesn't work.
에어컨이 작동하지 않네요.

물론, 원어민과 함께 있는 자리에서 '에어컨'이 갑자기 작동을 멈춘 경우라면, 이 정도 표현으로도 충분한 의사 전달이 가능할 겁니다. 하지만, 전화나 E-mail 등으로 '에어컨'에 관해 갑자기 설명하는 경우라면, 문제가 달라집니다.

The air conditioner doesn't work.
에어컨이 작동하지 않네요.

'에어컨'은 영어의 'air conditioner'를 잘못 줄여 쓰는 표현입니다. 영어권에서는 'air conditioner'를 줄여 'A/C'라고 표기합니다. 호텔의 객실이나 자동차 내에서 이와 같은 표기를 흔히 접할 수 있을 겁니다.
참고로, 'air conditioner'는 냉방 기능에 쓰이는 장비를 가리키고, 난방 장비는 보통 'heater'라고 합니다. 또한, 'cooler'는 '냉각기', 또는 '냉장고'를 가리킵니다. 따라서, 'air cooler'는 '공기에 의한 냉각기', 즉 '공랭 장치'를 뜻한다는 점도 함께 익혀 두기 바랍니다.

46 | '샤프펜슬'에는 '기계'가 들어 있다?

Q : '샤프펜슬 있어요?' 어느 것이 올바른 표현일까요?
① Do you have a sharp pencil?
② Do you have a mechanical pencil?

우리가 자주 사용하는 문구류의 명칭에도 만만찮은 Konglish가 숨어 있습니다. '샤프펜슬' 한 자루를 사러 문구점에 들어간 경우를 예로 들어보겠습니다.

Do you have a sharp pencil?
샤프펜슬 있어요?

문구점의 원어민 점원은 고개를 갸우뚱하면서 '날카롭게 깎은 연필 한 자루'를 건네줄 가능성이 큽니다. 'sharp pencil'은 말 그대로 '날카롭게 깎아 심이 뾰족한 연필'로 해석되기 때문입니다.

Do you have a mechanical pencil?
샤프펜슬 있어요?.

'샤프펜슬'은 영어로 'mechanical pencil'이라고 합니다. '기계적으로 조작되는 연필'이라는 뜻에서 만들어진 용어입니다. 마찬가지 이유로, '볼펜'도 대표적인 Konglish입니다. 'ball-point pen'이라고 해야 합니다. '끝에 볼이 달린 펜'이라는 뜻에서 만들어진 용어죠. 또, 여러 장으로 만들어진 문서를 가는 철심으로 간단하게 묶는 데 쓰는 '호치키스'도 Konglish입니다. 'stapler'라고 해야 합니다. 호치키스라는 표현은 'Hotchkiss paperfastener(호치키스 서류 잠금쇠)'라는 유명한 'stapler' 상표명에서 유래된 잘못된 이름입니다.
참고로, '지우개'는 'eraser', '자'는 'ruler', 그리고 '풀'은 'glue'라고 한다는 점도 이 기회에 함께 익혀 두세요.

47 자동차 '핸들'은 '바퀴'?

Q : '내가 핸들을 잡고 있었어.' 어느 것이 올바른 표현일까요?
① I was grabbing the handle.
② I was grabbing the wheel.

자동차에 관련된 용어에도 Konglish가 만만찮게 있습니다.
영국이나 미국에서 일본으로 자동차 기술이 유입되고, 다시 한국으로 전파되는 과정에서 국적이 불분명한 영어식 표현이 만연하게 된 것으로 볼 수 있습니다. 그렇기 때문에, 평소 습관대로 표현한다면 의사소통에 문제가 생깁니다.

I was grabbing the handle.

내가 **핸들**을 잡고 있었어.

운전석의 '핸들'은 유감스럽게도 대표적인 Konglish입니다. 자동차에 관한 이야기를 나누는 과정에서 갑자기 'handle'이라고 하면, 원어민의 입장에서는 'door handle' 즉, '문에 달린 손잡이'를 생각하게 됩니다.

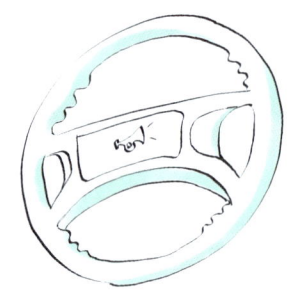

I was grabbing the wheel.

내가 **핸들**을 잡고 있었어.

본인이 핸들을 잡고 운전하고 있었던 경우, 이런 식으로 표현하면 됩니다. 'be at the wheel'도 '운전 중이다.'라는 뜻을 나타냅니다. 그리고 'the person at the wheel'이라고 하면 '운전 중인 사람'이라는 의미가 됩니다.
영어로 'wheel'은 원래 '바퀴'나 '바퀴 모양을 한 것'을 나타냅니다. 그런데도 '핸들'을 'wheel'로 표현하는 것은, 'wheel'이 'steering wheel'의 줄인 말이기 때문입니다. 참고로, '동사 steer'는 '조종하다'라는 뜻으로, 'steering wheel'은 직역하면 '조종하는 바퀴'가 됩니다.

이 밖에도 자동차의 주요 부품과 관련하여 잘못 사용하는 영어식 표현이 많습니다. '액셀러레이터'라고 흔히 부르는 '가속 페달'은 실제로는 'gas pedal', 또는 그냥 'gas'라고 흔히 표현합니다.

따라서, 'I stepped on the gas.'라고 하면 '난 액셀러레이터를 밟았어.'란 뜻이 되는 것입니다.

또한, 자동차의 경적을 나타내는 '클랙슨'은 'horn', '사이드 브레이크'는 수동으로 조작하는 브레이크를 나타내는 'hand brake'로 표현해야 합니다.

그리고 '백미러'는 'rearview mirror', '사이드 미러'는 'sideview mirror'라고 해야 하고, 변속기를 말하는 '기어'는 'gearshift'라고 해야 의사 전달에 문제가 없게 됩니다.

G·R·O·C·E·R·Y

혼동하기 쉬운 '핸들'과 '손잡이'

자동차의 'handle'은 'steering wheel'을 잘못 표현한 것이라는 점을 이미 살펴본 바 있습니다. 반면, 자전거나 오토바이의 핸들은 바퀴 모양이 아니기 때문에 'handlebars'라고 합니다.

이 밖에도 'handle'로 표현할 수 있는 것으로는 자동차 문의 손잡이에서 컵의 손잡이에 이르기까지 다양합니다. 단, 그 모양이 '자루'나 '막대기' 모양인 경우에 한정됩니다. 그렇기 때문에 일반 출입문에 달린 동그란 모양의 손잡이는 'handle'을 쓰지 않고 'door knob'이라고 한다는 점을 이 기회에 익혀 두세요.

48 야구의 '카운트' 방식부터 Konglish!

Q: '카운트가 투 스트라이크 쓰리 볼이야.' 어느 것이 올바른 표현일까요?
① The count is two three.
② The count is three balls and two strikes.

야구 용어도 자동차 못지 않게 Konglish 표현이 많이 사용되고 있습니다. 우선은 볼과 스트라이크 수를 세는 '카운트' 방식부터 살펴보겠습니다.

The count is two three.
카운트가 투 스트라이크 쓰리 볼이야.

여러분은 카운트를 할 때 ball과 strike를 생략하고, 스트라이크 숫자 다음에 볼 숫자를 연결하여 말합니다. 그러나 이와 같은 방식으로 말하게 되면 곤란합니다. 아마 'two three'라는 표현을 쓰면, 삼진 아웃을 당한 타자가 왜 그 자리에 그대로 서 있느냐고 반문할지도 모릅니다. 왜 그럴까요?

The count is
three balls and two strikes.
카운트가 투 스트라이크 쓰리 볼이야.

야구의 종주국 미국에서는 '볼 숫자'를 먼저 말한 다음에 '스트라이크 숫자'를 말하여 카운트를 나타냅니다. 그렇기 때문에, 'two three'는 삼진 아웃(strikeout)을 뜻하게 됩니다.

'포볼'도 'four balls'가 아니라 'walk'라고 합니다. 물론, 이때 경기 기록표에는 'BB'라고 기재되는데, 이는 'a base on balls(볼에 의한 1루 진루)'의 약자입니다. 참고로, '2루타'는 'double', '3루타'는 'triple'이라고 합니다. 물론, '홈런'은 그냥 'home run' 입니다. '러닝 홈런'은 'in-the-park home run', 또는 'home run inside the park' 라고 하여 '그라운드 홈런'이라고 표현합니다. 또, '백스크린을 넘긴 홈런'은 'home run over the centerfield screen' 이라고 합니다.

그리고 '1번 타자'는 'leadoff man' 이라고 하고, 수위 타자는 'leading hitter' 라고 합니다.

한편, '클린업 트리오(cleanup trio)' 라는 표현도 주의를 요합니다. 소위 '3, 4, 5번의 강타자'를 한 묶음으로 이렇게 부르지만, 영어에서는 거의 사용하지 않는 표현입니다. 왜냐하면, 'cleanup' 또는 'cleanup hitter' 라고 하면 '최강의 4번 타자'만 가리키기 때문입니다.

이밖에 투수에 관한 야구 용어로 특히 조심해야 할 말은 '오버스로(overthrow)' 입니다. 손을 곧추 세워 위에서 아래로 내리꽂듯이 던지는 '정통파 투수'를 지칭하는 말입니다. 하지만, 영어로 'overthrow' 라고 말하면 '폭투(暴投)'란 뜻이 되고 맙니다. 이때에는 'overhand', 또는 'overhanded pitcher' 란 표현을 사용하기 바랍니다. 같은 이치로, '언더스로(underthrow)'는 'underhand', 또는 'underhanded pitcher', '사이드스로'는 'sidearm', 또는 'sidearmed pitcher' 라고 표현합니다.

마지막으로, 실전을 앞두고 몸을 풀기 위해 '캐치볼 하다.' 라는 표현은 'do catch ball' 이 아니라, 'play catch' 라는 점도 함께 기억해 두세요.

G·R·O·C·E·R·Y

A vs B도 Konglish!

스포츠 신문을 보면, '라이벌 A와 B의 시합'을 간혹 'A vs B' 라고 표기하기도 합니다. 그리고 이때 vs를 그냥 '브이에스' 라고 읽는 사람이 많을 겁니다.

여기서 vs는 영어 'versus(~대[對])'의 약자입니다. 하지만, 일반적으로 영어권에서는 'vs' 가 아닌 'v.' 로 표기하고, 읽을 때에도 'versus' 라고 모두 발음합니다.

49 | 의미가 바뀐 '케이스 바이 케이스'

Q : '그건 케이스 바이 케이스죠.' 어느 것이 올바른 표현일까요?
① It's case by case.
② It all depends.

난처한 질문을 받게 되면 흔히 '상황에 따라 다르다', '매번 경우에 따라 다르게 대처한다.' 라고 대답하게 되는 경우가 많습니다. 또, 이를 좀더 멋있게 표현하기 위해 '케이스 바이 케이스(case by case)' 라는 말로 대신하기도 합니다.

It's case by case.
그건 케이스 바이 케이스죠.

얼른 보면 'case by case' 라고 하면 '케이스에 따라 다르다.' 라는 의미를 간결하게 전달할 것 같지만 실제는 그렇지 않습니다. case는 '경우', 또는 '사례'를 나타내는 단어로, 'in this case(이 경우에는)' 라고 표현할 수 있지만, 'case by case' 는 '각 사례마다 하나의 사례' 라는 의미로만 해석이 됩니다.

It all depends.
그건 케이스 바이 케이스죠.

'동사 depend' 는 기본적으로 '~에 의지하다.' 라는 뜻을 전달합니다. 이 뜻에서 파생되어 '~에 달려있다.', 또는 '~에 좌우되다.' 라는 의미로도 자주 사용됩니다. 그래서 'It all depends on circumstances.' 라고 하면 '그건 오로지 상황에 달려있다.', 즉, '그건 상황에 따라 매번 달라진다.' 라는 의미를 전달하게 됩니다. 여기서 'on circumstances' 를 생략하고 'It all depends.' 라고 해도 동일한 의미를 나타내게 되는 것입니다.

Q : '콘센트 어디에 있어요?' 어느 것이 올바른 표현일까요?
① Where is the consent?
② Where is the outlet?

제법 그럴듯한 영어처럼 들리는 Konglish 중 하나가 바로 '전원 코드를 꽂는 구멍'을 말하는 '콘센트'입니다. 제아무리 미국식으로 멋지게 발음하더라도 원어민에게는 전혀 의미가 통하지 않습니다. 만약, 호텔에서 이 '콘센트'를 찾을 수 없어서 곤란할 때 다음과 같이 표현하면 어떻게 될까요?

Where is the consent?
콘센트 어디에 있어요?

원어민에게 전자 제품을 들고 가리키면서 이 말을 하면 눈치가 빠른 사람은 무슨 뜻인지 이해해 줄지 모르지만, 대개는 밑도 끝도 없이 '동의서가 어디에요?' 라고 묻는 것처럼 해석됩니다. 영어로 'consent'는 '동의, 승인', 또는 '동의서, 승인서'를 의미합니다. 예컨대, 의사가 환자에게 치료법이나 수술을 설명하고 받는 동의서도 'informed consent' 라고 합니다.

Where is the outlet?
콘센트 어디에 있어요?

미국 영어로 '콘센트'는 'outlet' 입니다. 또, 회화체에서는 흔히 'plug'라고도 합니다. 반면, 영국 영어로는 'socket' 이라고 합니다. 'outlet' 이라고 하면 요즘 유행하는 '아웃렛' 방식의 대형 매장을 떠올리기 쉽지만, 원래는 '액체나 기체의 방출구' 라는 의미를 지닌 단어입니다. 그래서 '전기를 방출하는 구멍' 이라는 뜻으로 발전 되었고, 다른 한편으로는 '상품을 싸게 방출하는 판매점' 이라는 뜻으로도 쓰이게 된 것입니다.

51 | 우리 몸엔 '힙'이 두 개 있다?

Q: '엉덩방아를 찧었어.' 어느 것이 올바른 표현일까요?
① I slipped and fell down on my hip.
② I slipped and fell down on my behind.

요즘은 '엉덩이'라는 표현보다는 '힙(hip)'이라는 영어 표현을 더 많이 사용합니다. '엉덩이'보다 '힙'이 영어 표현이라 훨씬 세련된 것처럼 느껴서일까요?

I slipped and fell down on my hip.

엉덩방아를 찧었어.

영어에서 'hip'이라는 단어는 엉덩이뿐만 아니라 허리 아래의 양쪽 골반이 튀어나온 부위도 말합니다. 또한, 좌우 양쪽으로 구성되어 있기 때문에 'hips'와 같이 복수로 표현해야 합니다.

따라서, '자신의 양손을 허리 아래에 받친 채'라고 하면, 'with one's hands on the hips'와 같이 복수로 표현해야 합니다. 참고로, hipjoint는 '고관절(股關節)'이라는 뜻이 됩니다.

I slipped and fell down on my behind.

엉덩방아를 찧었어.

앞의 문장을 '복수형 hips'로 고쳐 표현할 수도 있지만, 실제로는 '신체의 뒷면', 즉 '엉덩이'를 나타내는 'behind'를 사용하는 것이 일반적입니다. 엉덩이가 우리 몸의 뒷면에 있다는 사실을 상기하면 이해하기 쉬울 것입니다.

이 밖에도 'rear' 나 'backside' 등도 같은 의미로 사용됩니다. buttocks 또한 '엉덩이' 를 나타내는 단어로, 뒤에 항상 복수형 어미 -s가 붙습니다.

'엉덩이 위의 허리' 는 잘 아시겠지만 'waist' 라고 표현합니다. 다만, 허리가 아플 때 'My waist hurts.' 나 'I have a pain in my waist.' 라고 표현하지 않는다는 것에 주의해야 합니다. 'waist' 자체는 '잘록한 허리의 곡선' 을 의미하기 때문에, 우리 몸의 '허리' 부위가 포함된 '등' 을 나타내는 'back' 이나 'the lower part of the back(등 아래의 부분)' 과 같이 표현해야 합니다.

한편, '가슴' 을 나타낼 때에는 '여성의 가슴둘레' 나 '흉부(胸部) 상반신' 을 의미하는 'bust' 를 쓰지만, 이는 원래 '흉상(胸像)' 이나 '반신상(半身像)' 을 의미하는 단어입니다.

따라서, '여성의 가슴' 은 '유방' 을 나타내는 'breast' 로 표현해야 합니다.

G·R·O·C·E·R·Y

finger라고 불리는 손가락은 네 개뿐!

'손가락' 과 '발가락' 은 '손과 발에 달린 가락' 이라는 뜻에서 서로 같은 어근을 이용하고 있습니다. 영어도 과연 그렇게 표현할까요? 다시 말해, '발가락' 을 'foot finger' 라고 표현할 수 있을까요?

그렇지 않습니다. 뿐만 아니라, 'finger' 는 '엄지를 제외한 나머지 손가락 네 개' 만 가리키는 단어입니다. 손가락을 나타내는 표현법은 여러 가지가 있지만, 일단 'first finger' 가 '엄지손가락' 이 아니라 그 옆의 '인지손가락' 이라는 점에 유의합니다.

그 다음, 'second finger' 는 '중지', 'third finger' 는 '약지', 그리고 'forth finger' 는 '새끼손가락' 을 가리킵니다. 반면, '엄지손가락' 은 'thumb' 이라고 별도로 표현합니다.

그렇기 때문에 '다섯 손가락' 이라는 표현도 'five fingers' 라는 표현보다는 'thumb and four fingers' 라고 하는 것이 자연스럽습니다.

한편, '발가락' 은 그냥 'toe' 라고 합니다. 그리고 '엄지발가락' 은 'big toe', '새끼발가락' 은 'little toe' 라고 합니다. 하지만, 나머지 발가락에 대한 표현은 유감스럽게도 특별히 없습니다.

52 | '데이트=연인'

Q : '데이트 상대가 누구니?' 어느 것이 올바른 표현일까요?

① Who is the partner of your date?

② Who's your date?

'데이트(date)'라고 하면 흔히 '애인이나 이성 친구와의 약속'을 가리키는 영어식 표현으로 사용됩니다. 하지만, 실제 영어에서 'date'는 이보다 훨씬 다양한 의미로 널리 사용되고 있습니다. '오늘 저녁에 데이트 약속이 있어.'라고 할 때에는 'I have a date this evening.'이라고 하면 됩니다. 하지만, 친구에게 '데이트 상대가 누구인지' 묻는 경우에는 주의를 요합니다.

Who is the partner of your date?
데이트 **상대**가 누구니?

'영어에서 'date'는 '이성 친구와의 약속' 외에도 '데이트하는 상대방'이라는 뜻으로도 자주 사용됩니다. 따라서, 이렇게 묻게 되면 '데이트 상대의 파트너가 누구냐?'라고 말하는 셈이 되고 맙니다. 따라서, 심지어는 그 친구가 이미 배우자가 있는 사람하고 사귄다고 말하는 것처럼 들릴 가능성도 있습니다.

Who's your date?
데이트 **상대**가 누구니?

이렇게 간단한 문장으로 물어야 아무 오해 없이 자신의 의사를 정확히 전달할 수 있습니다. 같은 이치로, '데이트할 상대가 없다'고 할 때에는 'I don't have a date.'라는 표현을 사용합니다. 한편, date는 '날짜'를 가리키는 단어로도 흔히 사용되어 주의를 요합니다. 'What's the date today?'라고 하면 '오늘 며칠이지?'라는 표현이 되는 것이죠. 뿐만 아니라, 이성 관계가 배제된 '일반적인 약속'도 date로 표현합니다. 예컨대, 'I have a date with Mike this evening.'이라고 하면, '난 오늘 저녁에 마이크와 만날 약속이 있어.'라는 뜻이 됩니다.

Q : '사인 좀 해주시겠어요?' 어느 것이 올바른 표현일까요?
① Could you give me your sign?
② Could I have your autograph?

'유명인의 서명'을 받는 행위를 흔히 '사인을 받다.'라고 표현합니다. 하지만, 유감스럽게도 영어권 세계의 유명인, 즉 '스타(star)'에게는 '사인(sign)'이 없습니다.

Could you give me your sign?
사인 좀 해 주시겠어요?

이렇게 표현해서는 여러분이 좋아하는 '스타의 사인'을 받기가 어렵습니다. 물론, 노트와 필기도구를 건네면서 이렇게 표현하면 그 내면의 뜻을 읽고 '사인'을 해 줄 수도 있겠지만, 자신이 좋아하는 '스타'에게 틀린 영어로 부탁을 해서는 곤란하겠죠? 영어에서 'sign'이라는 명사는 '신호, 기호, 표시' 등을 나타낼 뿐이지, 여기서 말하는 '사인(서명)'이라는 뜻 자체가 없습니다. 따라서, 앞의 문장은 '당신의 신호를 주시겠습니까?'처럼 해석이 될 수 있는 것입니다.

Could I have your autograph?
사인 좀 해 주시겠어요?

'유명인의 사인(서명)'은 'autograph'로 표현하는 것이 옳습니다. 그래서 유명 스포츠 스타의 '사인 볼'은 '사인이 된 볼'이라는 뜻에서 'autographed ball'이라고 하는 겁니다. 참고로, sign이 동사로 쓰일 때에는 '이름을 쓰다.'라는 의미로도 사용됩니다. 예컨대, 신용카드를 쓸 때, 종업원이 'Sign here, please.(여기에 이름을 적어 주세요.)'라고 흔히 말합니다. 이처럼 일반인이 자신의 이름을 적은 행위를 말하는 '사인'은 그 명사형인 'signature'라고 합니다. 따라서, 일반인에게서 자신의 서명을 받을 때는 'Could I have your signature?'라고 합니다.

54 | '신입 사원'은 '프레시맨'이 아니다!

Q : '미스터 김은 신입사원이야.' 어느 것이 올바른 표현일까요?
① Mr. Kim is a freshman.
② Mr. Kim is a new employee.

처음 직장 생활을 시작하는 '신입 사원'을 흔히 '프레시맨(freshman)'이라고 부르는 경우를 자주 볼 수 있습니다. 대학교에 갓 입학한 '신입생'을 'freshman'이라고 부르듯이, 사회에 갓 입문한 '신입생'이라는 뜻에서 지칭하는 것 같습니다.

Mr. Kim is a freshman.
미스터 김은 **신입사원**이야.

물론, 이렇게 표현해도 Mr. 김이 누구인지 아는 원어민이라면 대강의 뜻은 전달받게 될 것입니다. 하지만, 일반적인 의미에서 이 문장만 놓고 본다면, '미스터 김=대학교 신입생'으로 들릴 수밖에 없다는 데 문제가 있습니다.

Mr. Kim is a new employee.
미스터 김은 **신입사원**이야.

영어로 'employee'란 말은 '직원', 또는 '피고용자'를 의미합니다. 여기에 형용사 new를 앞에 붙이게 되면 '새로운 직원', 즉 '신입사원'이 되는 것입니다. 물론, new employee란 말은 남녀 구별 없이 쓰일 수 있습니다.

조금 더 복잡하기는 하지만, 같은 의미로 'newly employed person'이라는 표현도 자주 사용됩니다. 'newly employed person'은 말 그대로 '새로 고용된 사람'

이라는 뜻입니다.

참고로, 고용되는 사람인 employee에 대비되는 개념, 즉 '고용자'는 'employer'라고 합니다. 또, 'employment'라고 하면 '고용, 근무' 등을 나타내는 명사가 됩니다. 이 단어도 자주 쓰이기 때문에 이 기회에 함께 익혀 두기 바랍니다.

'신입 사원'을 지칭하는 표현 중에 'newcomer'도 있습니다. 말 그대로 '새로 온 사람'이란 뜻입니다. 따라서, 해당 분야나 해당 직장에 '새로 들어온 사람'이란 뜻이 강하기 때문에, 주로 '신인', 또는 '풋내기'란 뜻으로도 자주 사용됩니다. 이 단어 역시 남녀 구별 없이 쓸 수 있어 아주 편리합니다.

G·R·O·C·E·R·Y

미국의 학년별 명칭 총정리

미국의 대학교에서는 '1학년생'을 'freshman', '2학년생'을 'sophomore', '3학년생'을 'junior', '4학년생'을 'senior'라고 부릅니다. 하지만, 'freshman'에는 남성을 뜻하는 'man'이라는 어근이 들어 있어 성차별적인 요소가 많아, 최근 이를 피하기 위해 영국식으로 'first-year student'라고 하는 표현이 일반적입니다. 또, 가까운 사이끼리 격의 없이 얘기할 때에는 'fresher', 혹은 'frosh'라고 표현하기도 합니다.

참고로, 초등학교 1학년에서 중학교 2학년에 해당하는 학년은 어떻게 부르는지 정리해 보겠습니다. 초등학교 1학년부터 6학년까지는 'first grade~sixth grade'로 나타냅니다. 그 다음, 중학교 1학년은 'seventh grade'가 되고, 중학교 2학년은 'eighth grade'가 됩니다. 그리고 9년째부터 우리나라의 고등학교에 해당하는 'high school'에 포함될 경우가 많고, 이때부터는 일반적으로 대학교와 동일한 명칭, 즉 'freshman, sophomore, junior, senior'의 순서로 학년을 부르게 됩니다.

55 '파이팅'을 외친다고 응원이 될까?

Q: '파이팅!' 어느 것이 올바른 표현일까요?
① Fighting!
② Come on!

스포츠 경기에 출전한 친구를 응원하러 갔을 때, 여러분은 어떻게 응원을 하시나요?

Fighting!
파이팅!

만약, 이렇게 응원을 하면 경기 중인 원어민 친구가 이상하게 생각할 것입니다. 영어로 '파이팅(fighting)'은 '싸움, 전투'라는 의미로 사용되는 명사입니다. 하지만, 스포츠는 'fight'하는 것이 아니라 'play'하는 것입니다. 다시 말해, 'fight'라는 단어 자체는 격투기와 같이 격렬한 가격과 부상이 뒤따르는 종목일지라도 스포츠맨십과는 근본적으로 거리가 멀다고 하겠습니다. 따라서, 'Fighting!'이라고 큰소리로 외치면, 원어민의 입장에서는 '상대방을 덮치고 때릴 것'을 종용하는 뉘앙스로 받아들일 가능성이 충분합니다.

Come on!
파이팅!

이때에는 'Come on!'을 쓰는 것이 가장 일반적입니다. 물론, 뒤에 사람 이름을 붙여, 'Come on, Jack!'과 같이 구체적으로 대상을 지칭하여 격려하는 것이 자연스럽습니다. 같은 의미로, 'Lets go!'나 'Go for it!' 등도 자주 쓰이는 표현입니다. 상황에 따라서는 'You can do it!(넌 할 수 있어!)', 'Don't give up!(포기하지 마!)' 등도 사용할 수 있습니다. 참고로, 친구가 시합 중에 실수를 범했을 때에는 어떻게 격려해야 할까요? '신경 쓰지 마!'란 뜻으로 'Never mind!'도 좋고, 오히려 용기를 북돋아주기 위해 'Nice try!(잘 했어!)' 같은 표현도 사용할 수 있습니다.

56 | 'snack'과 'snack bar'의 차이를 아시나요?

Q: '스낵 바를 열 계획이야.' 어느 것이 올바른 표현일까요?
① I'm planning to have a snack.
② I'm planning to start a bar.

최근에 '칵테일 바'가 많이 생겨나면서 조금 달라지긴 했지만, 얼마 전까지만 해도 퇴근 후에 소위 '스낵(snack)'에서 간단하게 술 한잔하는 문화가 셀러리맨 사이에는 널리 퍼져 있었습니다.

I'm planning to have a snack.

스낵 바를 열 계획이야.

이런 말을 들은 원어민은 상대방이 배가 고픈 나머지 '뭔가 가볍게 먹을 생각이다.' 라고 해석해서, 과자나 빵 등을 건네줄지도 모릅니다. 영어에서 'snack'은 그 자체가 '간식', 혹은 '간단한 식사'란 의미로 쓰이기 때문입니다. 게다가 '가게를 갖다.'라는 의미로 사용한 동사 'have'도 '음식을 먹다.'라는 뜻으로 오해를 사기 쉽습니다.

I'm planning to start a bar.

스낵 바를 열 계획이야.

영어에서 '술집'은 'bar'로 표현합니다. 그렇다면, '스낵'이라는 말이 왜 '간단하게 술 한잔하는 bar'를 대신하게 되었을까요? 우선, 'snack bar(간단한 식사를 제공하는 가게)'와 'bar(일반 술집)'을 혼동한 상태에서, 그냥 'snack bar'를 그냥 '스낵(snack)'으로 쓰는 습관이 일반화되면서 빚어진 현상입니다. 또한, 동사 have도 '가게를 시작하다.'라는 의미의 동사 start로 교체하는 것이 바람직합니다. 참고로, 요즘 유행하는 '펍(pub)'도 실제 의미와는 다소 차이가 있어 주의를 요합니다. 영어에서 'pub'이라고 하면 '숙소를 겸한 선술집'을 말합니다. 그러나 그 본래 의미와는 달리 술과 간단한 안주와 식사를 즐길 수 있는 '세련된 서구풍의 술집'의 대명사처럼 쓰이고 있기 때문입니다.

57 | '지역'과 '시골'은 별개의 개념!

Q : '내 고향은 시골이야.' 어느 것이 올바른 표현일까요?
① My hometown is local.
② I was born in a rural area.

무역에서 흔히 사용되는 '로컬(local)'이란 단어가 일상생활에서도 '지방', 또는 '시골'을 가리키는 말처럼 간혹 사용되다 보니, 자주 잘못된 영어 표현으로 이어지기도 합니다.

My hometown is local.
내 고향은 시골이야.

결론부터 말해, 영어의 'local'에는 '시골, 지방'과 같은 뉘앙스가 전혀 포함되어 있지 않습니다. '전국', 또는 '전체 지역'과 대비되는 개념으로 '지방', 또는 '지역'을 나타낼 뿐입니다. 하지만, '지방'이란 단어의 뉘앙스가 '시골'과 쉽게 연결되어 이런 영향을 받은 게 아닌가 추정되지만, 여기서 말하는  '지방'이란 '도시'와 대비되는 개념이 아니라, '전국의 각 구역'을 뜻하는 것입니다. 따라서, '수도 서울'의 경우에도 '서울 지방'이라고 표현할 수 있는 것이며, 영어에서의 'local'은 바로 그런 개념에 뿌리를 두고 있다는 점을 정확히 인식해 두세요.

I was born in a rural area.
내 고향은 시골이야.

출신 지역을 의미하는 '시골'은 'rural area'라고 표현합니다. 반대로 '도시'는 'urban area'라고 합니다. 또한, 'My hometown is in the country.'와 같이

hometown과 country를 써서 '내 고향은 시골에 있어.' 처럼 표현할 수도 있습니다. 단, 'hometown' 에는 본인이 태어난 '고향' 과 '지금 살고 있는 곳' 이란 두 가지의 의미가 모두 포함되어 있다는 점을 잊지 마세요. 그리고 'country' 는 토지 , 또는 나라와 같은 일반적인 의미를 나타내지만, 보통 정관사 'the' 가 앞에 붙게 되면 '풍부한 자연이 있는 곳' 을 가리킵니다. 따라서, 'I come from a small village in the country.(전 시골의 작은 마을 출신입니다.)' 와 같은 표현도 가능합니다.

그렇지만, 'country' 와 관련하여 주의할 사항이 몇 가지 있습니다.

먼저, 'country' 가 '형용사' 로 사용될 경우, 'a country boy(시골 소년)' 나 'country life(시골 생활)' 처럼 명사를 직접 앞에서 수식하는 형태는 얼마든지 가능합니다. 하지만, 'My hometown is country.' 처럼 주어의 성격을 설명하는 주격 보어로는 사용하지 않는다는 점을 잘 기억해 두기 바랍니다.

또한, country에서 파생되어 '지방' 이나 '시골' 을 나타내는 countryside란 단어도 있는데, 이 또한 같은 이유로 'My hometown is countryside.' 와 같이 주격 보어로는 사용될 수 없습니다. 대신, 'I was born in the countryside.' 와 같이 표현합니다.

참고로, 'I'm local here.' 라고 하면, '저는 여기에 사는 사람입니다.' 또는 '저는 이 지역 사람입니다.' 라는 의미가 됩니다. 'I'm local.' 이라고 듣는 순간 '이 사람이 시골 촌놈이구나' 라고 오해하지 않도록 조심하세요.

G·R·O·C·E·R·Y

역마다 정차하는 '완행열차' 도 local!

미국에서 기차를 이용하다 보면, 'local' 이란 표지판을 자주 볼 수 있습니다. 이때 'local' 은 '역마다 정차하는 열차', 즉 '완행열차' 를 의미합니다. 반면, '급행열차' 는 'express' 라고 하고, '특별 열차' 는 한정적으로 운영한다는 뜻에서 'limited' 라고 합니다.

또, 전철이나 버스의 노선이 'local line' 이라면, 일정한 지역의 짧은 구간 사이에서 운행되는 전철이나 버스를 의미합니다.

58 │ 'Washington'과 'Washington DC' ⠿

Q: '워싱턴 주 시애틀에서 오셨죠?' 어느 것이 올바른 표현일까요?
① Are you from Seattle, Washington DC?
② Are you from Seattle, Washington?

그리 자주 있는 일은 아니지만, 비슷한 지명 때문에 착각을 일으켜 잘못 표현하게 되는 경우를 생각해보겠습니다. 상대방에게 '워싱턴 주 시애틀 출신이시죠?'라며 관심을 표하는 질문을 던지는 경우입니다.

Are you from Seattle, Washington DC?
워싱턴 주 시애틀에서 오셨죠?

1994년 6월에 발표된 'Sleepless in Seattle(시애틀의 잠 못 이루는 밤)' 덕분에 미국 북부의 태평양 연안 도시 시애틀은 세계적인 명소가 되었습니다. 하지만, 시애틀이 소속된 주의 이름은 그냥 '워싱턴(Washington)'입니다. 'Washington DC'는 미국의 행정 수도 워싱턴의 공식 명칭으로, 여기서 DC는 '컬럼비아 특별구(District of Columbia)'의 줄임말입니다. 다시 말해, '미국 동부 컬럼비아 주의 특별구에 위치한 Washington'이라는 뜻입니다.

Are you from Seattle, Washington?
워싱턴 주 시애틀에서 오셨죠?

굳이 행정수도 Washington 뒤에 DC를 붙이는 것도, 북미 대륙 반대편 끝에 있는 Washington 주와 구분하기 위해서임은 더 이상 설명이 필요 없을 겁니다. 아무튼, Washington 주와 행정수도 Washington DC는 명확히 구분해서 사용하기 바랍니다.

'탤런트'는 직업이 아니다!

Q: '그녀는 한국에서 가장 인기 많은 TV 탤런트 중 한 명이야.' 어느 것이 올바른 표현일까요?
① She is one of the most popular TV talents in Korea.
② She is one of the most popular TV celebrities in Korea.

이번에는 TV 드라마에 등장하여 대중들로부터 많은 인기를 누리는 전문 연기자, 즉 '탤런트'와 관련된 표현을 살펴보도록 하겠습니다.

She is one of the most popular TV talents in Korea.

그녀는 한국에서 가장 인기 많은 TV **탤런트** 중 한 명이야.

텔레비전에 관해 이야기를 나누던 중일지라도 이와 같은 표현을 사용하게 되면 원어민의 입장에서는 무슨 말인지 알아듣기 어렵습니다. 다시 말해, 'talent'는 '타고난 재능, 소질'을 가리키는 단어이기 때문입니다. 물론, 간혹 집합적 의미로 '연예인'을 가리키는 경우도 있지만, 특정인의 직업을 나타내는 단어로는 사용되지 않습니다.

She is one of the most popular TV celebrities in Korea.

그녀는 한국에서 가장 인기 많은 TV **탤런트** 중 한 명이야.

celebrity는 미국의 매스컴에서 자주 접할 수 있는 단어로, '유명인, 공인'이라는 의미로 사용됩니다. 따라서, 배우, 가수, 개그맨, 영화감독이나 프로듀서에 이르기까지 연예 관련 유명 인사에 대해 폭넓게 사용할 수 있다는 점을 잘 기억해 두세요. 참고로, 텔레비전에서 활약하는 사람에 대해 'TV personality'나 'TV star'라는 표현도 좋습니다.

60 '트럼프'로는 놀 수 없다?

Q : '우리 트럼프 놀이하자.' 어느 것이 올바른 표현일까요?
① Let's play trump.
② Let's play cards.

기차 여행이나 캠핑에서 자주 즐기는 놀이로 '트럼프'를 빼놓을 수 없겠죠? 가까운 친구들에게 '트럼프 놀이를 하자'고 제안할 때 영어로는 어떻게 표현해야 할까요?

Let's play trump.
우리 **트럼프** 놀이하자.

만약, 이 장면에서 트럼프를 꺼내지 않은 채 이런 말을 하게 되면, 원어민 친구들은 여러분이 무슨 말을 하는지 이해를 못하게 될 것입니다. 영어로 'trump'는 '카드의 으뜸패'를 가리키는 말입니다. 이 '으뜸패'만 손에 쥐면 '승리'를 거머쥘 수 있다는 의미에서 'triumph(승리)'를 조금 줄여서 만들어낸 단어라고 합니다. 또한, 'play a trump'는 '으뜸패를 내놓다', 즉 '최후의 수단을 쓰다.'라는 관용적인 표현입니다. 꼭 트럼프 놀이를 하지 않더라도 비유적으로도 흔히 쓰이는 관용구문이기 때문에, 정관사 a를 빼고 'play trump'라고 하더라도 원어민의 입장에서는 그와 같은 의미로 이해할 가능성이 매우 큽니다.

Let's play cards.
우리 **트럼프** 놀이하자.

영어로 '트럼프 놀이'는 'playing cards'라고 합니다. 따라서, play cards라고 하면 '트럼프로 놀다.'라는 의미가 됩니다. 참고로, '트럼프 한 세트'는 'a deck of cards', 또는 'a pack of cards'라고 합니다.

Chapter 3 | 진지하게 말하고도 웃음거리가 되는 경우!

61 '눈이 좋고 나쁜 것'은 '시력'으로 표현!

Q : '난 눈이 나빠.' 어느 것이 올바른 표현일까요?
① My eyes are bad.
② I am near-sighted.

요즘 청소년들은 거의 절반 이상이 눈이 좋지 않아 안경을 쓰거나 렌즈를 끼고 있다고 합니다. 이처럼 '눈이 나쁘다.' 라는 의미를 영어로 옮길 때 반드시 조심해야 할 사항이 있습니다.

My eyes are bad.
난 눈이 나빠.

이런 표현으로는 원어민에게 제대로 의사 전달이 되지 않을 것입니다. 게다가 잘 보이지 않아 눈을 찡그리면서 이렇게 말한다면, 눈 때문에 뭔가 화가 난 사람처럼 보일 수도 있습니다. 'I have bad eyes.' 라고 말해도 결과는 마찬가지로 신통치 않게 됩니다. 눈치 빠른 원어민이라면 그 뜻을 짐작할 수도 있겠지만, 대개는 상대방이 '노안' 이나 '눈병' 때문에 그런 표현을 하는 것으로 생각하기 쉽습니다.

I am near-sighted.
난 눈이 나빠.

near-sighted라는 단어가 '근시' 를 나타내는 일반적인 표현입니다. 비슷한 단어로 short-sighted라는 표현도 있습니다. 의학 용어를 써서 'I am myopic.' 이라고 말하는 것도 좋습니다. 반대로 '원시' 일 경우에는 'I am far-sighted.' 라고 합니다. near의 반대말 far로 표현하는 거죠. 아시는 바와 같이, '시력' 은 'sight', 또는 'eyesight' 입니다. '안경' 은 'eyeglasses', 또는 'glasses', '콘택트 렌즈' 는 'contact lenses', 또는 'contacts' 이죠. '안과 의사' 는 정식으로는 'oculist' 인데, 'eye doctor' 라고 표현해도 괜찮습니다.

Q : '이 시계가 움직이지 않네요.' 어느 것이 올바른 표현일까요?
① This clock doesn't move.
② This clock doesn't work.

벽에 걸린 시계가 갑자기 작동을 멈춰 곤란할 때, 영어로는 어떻게 표현해야 할까요?

This clock doesn't move.
이 시계가 움직이지 않네요.

이렇게 말하면서 시계를 가리킨다면, 원어민 머릿속에는 마치 그 시계에 다리가 있어 만화 영화처럼 움직이는 이미지가 떠올라 웃음을 터뜨릴지도 모릅니다. 'move'라는 단어는 '물리적으로 위치를 바꿔서 이동하는' 것을 표현하는 동사이기 때문이죠. 따라서, 우리말로 '움직이다.' 로 표현할 수 있다고 해서 동사 move를 쓰면 잘못된 표현이 됩니다.

This clock doesn't work.
이 시계가 움직이지 않네요.

'기계 등이 움직이거나 작동하는 것' 을 나타낼 때에는 '동사 work' 로 표현합니다. 또, 지금까지 아무 문제없이 잘 가던 시계가 갑자기 멈췄다고 말할 때는 'The clock stopped working.(시계가 움직이지 않아.)' 이라고 표현하면 됩니다. 텔레비전이나 세탁기와 같은 가전제품이 고장났을 때도 이렇게 표현할 수 있으니 외워 두면 도움이 될 것입니다.

이동을 가리키는 '동사 move' 는 흔히 '이사하다.' 라는 뜻으로 쓰입니다. 'I moved to Pusan last month.' 라고 하면 '지난달 부산으로 이사했어요.' 라는 의미가 됩니다.

63 금연이라고 말했는데 피우게 되는 잘못된 표현! ⠿

Q : '금연하는 게 좋다는건 저도 알아요.' 어느 것이 올바른 표현일까요?
① I know I had better stop to smoke.
② I know I had better stop smoking.

요즘 들어 완전히 금연 구역이 된 사무실이나 공공 장소가 늘고 있습니다. 만약, 이런 장소에서 주변 사람들에게 다음과 같은 말을 하면 어떻게 될까요?

I know I had better stop to smoke.
금연하는 게 좋다는 건 저도 알아요.

이 말은 들은 상대방은 '지금 하는 일을 잠시 중단하고 담배를 한 대 피고 싶다.' 라고 이해할 것입니다. 왜냐하면, 'stop to+동사' 는 '~하는 것을 중단하다.' 가 아니라 '~하기 위해 멈추다.' 라는 의미를 전달하기 때문이죠. 따라서, 'I stopped to smoke.' 는 '담배를 피우기 위해 작업이나 걸음을 멈추었다.' 라는 의미를 전달하게 되는 것입니다. 즉, 이런 표현을 쓰게 되면 '난 작업을 잠깐 쉬고 담배를 피고 싶다.' 라는 뉘앙스가 돼버려 상대방에게 상상조차 하지 못했던 답변을 듣게 될 것입니다.

I know I had better stop smoking.
금연하는 게 좋다는 건 저도 알아요.

'~하는 것을 그만두다.' 라고 할 때는 '동사 stop' 의 목적어로 동명사를 취해야 합니다. 예를 들어, 'He stopped kicking the ball.' 은 '그는 공차기를 그만두었어.' 가 되는 반면, 'He stopped to kick the ball.' 은 '그는 공을 차기 위해 멈춰 섰어.' 라는 뜻이 됩니다. 전혀, 의미가 다른 문장이 되어 버리죠.

또한, '동사 forget' 이나 'remember' 등의 경우에도 'to+부정사' 용법과 'to+동명사' 용법을 반드시 구별해서 사용해야 합니다. 'to+부정사' 를 취하면 '미래에 일어날 행위' 를, 'to+동명사' 를 '과거에 일어난 일' 을 가리킵니다. 구체적으로 말하자면, 'forget to+부정사' 는 '~하는 것을 잊다' 를, 'forget+~ing' 는 '~했던 사실을 잊다.' 가 됩니다.

따라서, '나한테 전화하는 걸 잊지마.' 는 'Don't forget to call me.' 라고 하지만, '널 만났던 걸 잊지 않을 거야.' 는 이미 지난 일이니까, 'I will never forget meeting you.' 와 같이 동명사로 표현합니다.

한편, '동사 try' 의 경우에도 'to+부정사' 를 취하면 '~하기 위해 시도했다.' 와 같이 무엇에 도전하지만 이를 끝까지 수행하였는지는 불확실한 경우를 나타냅니다.

반면, 동명사가 붙을 경우에는, '시험 삼아 실제로 ~해보다.' 라는 의미가 됩니다. 따라서, 'I tried to read the book.' 은 '그 책을 읽어보려고 했어.' 가 되지만, 'I tried driving the car.' 는 '그 차를 시험 삼아 직접 운전해 봤다.' 라는 뜻이 됩니다.

G·R·O·C·E·R·Y

tobacco와 cigarette의 차이는?

'담배' 라고 하면 요즘은 보통 하얀 종이로 싸인 가공 제품을 말합니다. 반면, 'tobacco' 는 원칙적으로 식물의 한 종류인 담배나 그 잎, 혹은 그것을 말려 가루로 만든 것을 뜻합니다. 따라서, 우리가 흔히 말하는 '담배' 는 'cigarette' 이며, '담배 한 갑' 은 'a pack of cigarette' 이라고 합니다. 반면, 서양식 담배 파이프에 넣는 '담배 가루' 는 'pipe tobacco' 입니다. 또, 짙은 갈색으로 잘 말려진 담배 잎이나 종이로 굵게 만 '궐련' 은 'cigar' 라고 하죠.

64 | '만날 약속 = appointment'

Q : '마이크와 저녁에 약속이 있어요.' 어느 것이 올바른 표현일까요?

① I have a promise with Mike in the evening.
② I've got an appointment with Mike in the evening.

한자어로 구성된 '약속(約束)'에는 두 가지 개념이 포함되어 있죠.
하나는 '무엇을 하겠다는 행위에 대한 보장'이고, 다른 하나는 '구체적인 일시와 장소에서 누구를 만나기로 정하는 행위'입니다. 영어에서는 이 두 가지를 서로 다른 단어로 표현하기 때문에 주의해야 합니다.

I have a promise with Mike in the evening.

마이크와 저녁에 **약속**이 있어요.

이렇게 말을 하게 되면, 원어민의 입장에서는 문맥을 파악하기가 매우 곤란해집니다. promise는 '무엇을 하겠다는 행위에 대한 보장'을 뜻하므로, 원어민의 입장에서는 이 문장의 의미가 제대로 귀에 들어올 수 없기 때문이죠.

I've got an appointment with Mike in the evening.

마이크와 저녁에 **약속**이 있어요.

'누구와 만나는 약속'은 'appointment'로 표현해야 합니다.
물론, 'appointment'를 사용하지 않고 'I have to meet Mike in the evening.(마이크를 저녁에 만나야 해요.)'이라고 표현해도 같은 의미를 전달할 수 있습니다. 참고로, '~와 만날 시일과 장소를 정하다.'는 'make an appointment with ~'로 나타냅니다. 그리고 '그 약속을 지키다.'는 'keep one's appointment with ~'로, '그 약속을 어기다.'는 'break one's appointment'로 표현합니다.

65 | '허브'는 심기만 하면 자랄까?

Q : '3년 동안 허브를 기르고 있어요.' 어느 것이 올바른 표현일까요?
① I've been planting herb for three years.
② I've been growing herb for three years.

서양의 대표적인 향신료이자 차로 '허브(herb)'가 손에 꼽힙니다. 기르는 데 손이 크게 가지 않아서인지 최근 들어 많은 사람들이 이 '허브'를 재배하고 있습니다. 이와 같은 고상한 취미를 영어로 어떻게 표현하면 좋을까요?

I've been planting herb for three years.
3년 동안 허브를 기르고 있어요.

명사로 '식물'을 의미하는 'plant'에는 '심다, 씨앗을 뿌리다.'라는 동사의 의미도 포함되어 있습니다. 하지만, 위와 같은 표현은 허브를 기르는 행위가 아니라 '계속 심기만 하는 행위'를 뜻하는 것처럼 해석됩니다.

I've been growing herb for three years.
3년 동안 허브를 기르고 있어요.

식물을 '기르다, 재배하다.'라고 표현할 때는 '동사 grow'를 씁니다. 'grow'가 포함된 주요 표현으로 '성장하다, 어른이 되다.'라는 의미의 'grow up'이 있습니다. 또한, 여기서 파생된 'grown-up'은 '어른, 성인'을 가리키는 명사로, 그리고 '어른다운, 성숙한'을 뜻하는 형용사로도 사용됩니다. 참고로, 식물이 아니라 '동물'을 기를 때는 'grow' 대신 '동사 raise'로 표현하는 것이 일반적입니다. 사람의 경우도 마찬가지입니다. '그녀는 세 아이를 길렀어.'는 'She raised three children.'이라고 표현합니다.

66 '화장실'을 '빌릴' 수는 없는 법!

Q: '화장실 좀 빌려 써도 될까요?' 어느 것이 올바른 표현일까요?
① May I borrow your toilet?
② May I use your toilet?

다른 집에 초대를 받아 잠시 머무는 와중에 화장실에 급히 가고 싶어졌을 때, 이를 영어로 어떻게 표현하면 좋을까요?

May I borrow your toilet?
화장실 좀 **빌려** 써도 될까요?

친구에게 연필이나 지우개를 '빌려 쓸' 때처럼, 습관적으로 'May I borrow ~?' 라는 표현을 쓰게 되면 원어민 친구에게는 '화장실을 빌려 가도 될까요?' 라고 들려서, 낑낑거리며 화장실 변기를 들고 가는 모습을 상상하며 웃음을 터뜨릴지 모릅니다.

My name is John.

May I use your toilet?
화장실 좀 **빌려** 써도 될까요?

'동사 borrow' 를 '들고 갈 수 있는 것을 빌릴 때' 사용합니다. 반면, 화장실처럼 들고 가기 곤란한 것은 그냥 '잠시 사용하다.' 라는 의미에서 'use' 라는 동사로 표현하세요.
유선으로 연결된 전화나 컴퓨터의 경우도 마찬가지입니다. 방문한 집에서 전화나 컴퓨터를 쓸 때도 마찬가지로 'May I use your telephone[computer]?' 이라고 하면 됩니다.

참고로, '화장실'을 가리키는 단어로 미국 가정에서 가장 일반적으로 사용하는 것은 'bathroom'입니다.

화장실과 욕조가 함께 설치된 가정 내 화장실뿐만 아니라, 상업시설 등의 전용 화장실도 모두 'bathroom'으로 표현 가능합니다. 그래서 화장실이 어디냐고 물을 때, 흔히 'Where is the bathroom?'이라는 표현을 씁니다.

이 밖에도 '화장실'을 가리키는 단어는 다양합니다. 'rest room', 'washroom', 'ladies' room(여성 전용 화장실)', 'men's room(남성 전용 화장실)', 그리고 'powder room(여성 전용 화장실)' 등이 있습니다.

그리고 '화장실에 가고 싶다.'라는 표현 역시 상황에 맞춰 품위 있게 할 필요가 있습니다. 그 중 완곡하면서도 점잖은 표현으로는 'I'd like to wash my hands.(손을 씻고 싶은데요)'가 있습니다.

그리고 특별히 여성의 경우는 'May I go and powder my nose?(화장을 고치러 가도 괜찮아요?)'라는 표현도 쓸 수 있습니다.

G·R·O·C·E·R·Y

john이 화장실인 까닭은?

미국인 남성들끼리 주고받는 대화에서 '화장실이 어디냐'고 물을 때 흔히 'Where is the john?'이라는 표현을 씁니다.

자세한 유래는 아직 밝혀지지 않았지만, 대표적인 남성 이름인 'John'에서 유래된 것만은 틀림없습니다. 참고로, 예수 그리스도의 12 제자 중 한 명인 '성 요한'도 영어로는 'St. John'이랍니다. 반면, '신원불명의 시신'도 'John Doe'라고 하는데, 이 이름은 소송에서 가명을 쓸 경우나 본인이 불명확한 경우에도 사용됩니다. 이때 당사자가 여성일 때에는 'Jane Doe'라고 합니다.

67 | '자유 이용권'은 '공짜'가 아니다!

Q: '자유 이용권은 10,000원입니다.' 어느 것이 올바른 표현일까요?
① The free ticket is 10,000 won.
② The one day ticket is 10,000 won.

롯데월드 같은 대형 놀이시설에 가면 '한꺼번에 여러 놀이기구를 보다 저렴한 가격으로 자유롭게 탈 수 있다.'라는 뜻에서 이름을 붙인 '자유 이용권'을 구입할 수 있습니다.

The free ticket is 10,000 won.
자유 이용권은 10,000원입니다.

'자유 이용권'을 이렇게 영어로 옮기면 원어민의 입장에서는 큰 혼란이 일어납니다. 물론, 친한 친구 사이라면 그냥 웃기기 위해 던지는 농담인 줄 알겠죠.

'특별한 제한이나 방해 없이 자유롭게 이용하다.'라는 뉘앙스로도 'free'를 사용할 수 있지만, 'ticket'과 같이 요금과 관련된 명사 앞에서 사용되는 'free'에는 '무료의, 공짜의'라는 의미로만 받아들여지기 때문입니다. 따라서, 'free ticket'은 '무료 이용권'을 가리키게 됩니다. 그러므로, '무료 이용권이 10,000원이다.'라는 말은 그 자체가 모순이 되는 것이죠.

The one day ticket is 10,000 won.
자유 이용권은 10,000원입니다.

'free'를 빼고 그냥 'one day ticket'이라고 하면 '하루 동안 제한 없이 이용할 수 있는 자유 이용권'을 나타낼 수 있습니다.

참고로, 'for free'는 '무료로, 공짜로(=for nothing)'라는 뜻의 관용 구문입니다. 또한, 'It is free of charge.'도 '이것은 무료다.'라는 뜻을 나타내는 표현이라는 점을 잘 기억해 두세요.

Q : '그 가게에서 직접 만든 파이는 정말 맛있어.' 어느 것이 올바른 표현일까요?

① Their handmade pies are very good.
② Their homemade pies are very good.

'손으로 즉석에서 직접 만든' 물건을 영어로 표현할 때 형용사 'handmade(손으로 만든)'만 머리에 떠올리기 쉽습니다. 하지만, 아래의 경우에는 곤란한 상황이 발생할 수 있습니다.

Their handmade pies are very good.
그 가게에서 **직접 만든** 파이는 정말 맛있어.

유감스럽게도 파이처럼 먹는 음식에 대해서는 'handmade'라는 형용사를 쓰지 않습니다. 가구나 공예품 중에서 공장의 기계 대신 직접 손으로 만든 수제품 등을 나타낼 때 'handmade'를 사용합니다.

Their homemade pies are very good.
그 가게에서 **직접 만든** 파이는 정말 맛있어.

가게나 집에서 직접 손으로 만든 음식은 'homemade'라는 형용사로 표현합니다. 이 표현은 과자뿐만 아니라 빵이나 잼, 스파게티 소스 등 폭넓게 적용됩니다. 또한, 'homemade'에는 '국산의(=domestic)'라는 뜻도 있어서, 'homemade goods'라고 하면 '국산품'을 의미합니다. 한편, 앞에서도 설명하였듯이, '이 의자는 수제품이다.'라고 할 때는 'handmade'를 써서 'This chair is handmade.'라고 하면 됩니다. 반대로, '기계로 만들어진' 물건은 'machine-made'를 붙이면 됩니다.

69 'business woman'은 '직장 여성'이 아니다?

Q: '전 직장 여성이랍니다.' 어느 것이 올바른 표현일까요?

① I am a business woman.

② I'm an office worker.

요새는 여성의 사회진출도 증가를 보여, 전문직 회사에서 일하는 여성이 많습니다.

I am a business woman.
전 직장 여성이랍니다.

'businessman'이라는 단어를 연상하여 'man'을 'woman'으로 바꾸어 이렇게 표현하기 쉽지만, 이 역시 명백히 잘못된 영어입니다. 더욱 조심해야 하는 사항은, 'woman'을 'girl'로 바꿔서 말하는 경우입니다. 미국에서 'Business Girl(BG)'은 '술집에서 일하는 직업 여성'을 뜻하기 때문에, 'I am a business girl.'이라고 하면 상대방에게  서 큰 오해를 받게 되는 건 오히려 당연한 이치입니다.

또한, 일상생활에서 흔히 쓰는 외래어 'businessman'도 정확한 의미를 알고 사용할 필요가 있습니다.

영어의 'businessman'에 해당하는 사람들은 '회사의 경영에 관계하는 사람', 즉, '사업가, 경영자 및 중역'에 국한된다는 점에 주의를 요합니다.

게다가 남성만을 지칭하는 말이기 때문에, 최근에는 성차별 해소를 위해 'business person'이라는 말로 대치되고 있습니다.

아울러, 여성을 나타내는 'girl'도 사용에 주의를 요하는 단어입니다. 미국에서는 'girl'이라고 하면 '대체로 18세까지의 여성'을 가리키기 때문에, 20살 이상인 여성이 본인을 스스로 'girl'이라 지칭하면 유치한 인상을 줄 수 있습니다.

I'm an office worker.
전 직장 여성이랍니다.

'office worker'는 '사무실에서 일하는 사람', 즉 '회사원, 사무원'이라는 뉘앙스로 남녀 상관없이 상용되는 표현입니다. 물론, 같은 의미로 'I work in an office.' 라는 표현도 자주 사용합니다.

한편, 영어로 자신의 직업을 말할 때는 'receptionist(접수원)', 'secretary(비서)' 처럼, 구체적으로 일의 내용을 밝히는 것이 일반적입니다.

또한, 'I work for a computer company.(컴퓨터 회사에 근무하고 있다)'와 같은 식으로 회사의 업종을 밝혀 자신의 직업을 알리는 방법도 있습니다. 그리고 'I'm in computers.(컴퓨터에 관련된 일을 하고 있어요.)'처럼, 'I'm in ~.'과 같은 표현을 활용하여 어떤 분야에 관련된 일에 종사하는지를 나타낼 수 있습니다.

G·R·O·C·E·R·Y

'소녀답다.'의 형용사에 조심!

'girl'은 '소녀, 여자 아이, 미혼 여성' 등을 의미하는 명사입니다. 그렇다고 해서 그 형용사형 'girlie'가 포함된 'girlie magazine'을 보고 '소녀 대상의 잡지'로 이해해서는 곤란합니다. 실은, '젊은 여성의 누드 사진을 실은 도색 잡지'를 가리키기 때문이죠. 또, 같은 이치에서 'girlie show'라고 하면 '스트립쇼'를 의미합니다. 뿐만 아니라, 'girlie'는 속어로 '매춘부'라는 명사의 의미로도 자주 사용됩니다. '소녀 대상의 잡지'는 그냥 'girl's magazine'이라고 한다는 점을 잘 기억해 두세요.

70 | '발을 끊다'가 아니라 '손을 씻다'로!

Q : '그는 그쪽과는 발을 끊었어.' 어느 것이 올바른 표현일까요?
① He cut his feet from it.
② He washed his hands of it.

조직 폭력배 같은 범죄 단체와의 관계를 끊고 건전한 생활을 시작할 때, 그쪽 세계와 '발을 끊다.'라는 표현을 흔히 사용하곤 합니다.
그렇다면, 영어에서는 이와 같은 표현을 어떻게 처리할까요?

He cut his feet from it.
그는 그쪽과는 **발을 끊었어**.

이렇게 'cut one's feet'이라고 표현하게 되면, 원어민의 입장에서는 '자신의 발을 손수 자르는 엽기적인 장면'만이 머리에 그려지게 될 것입니다.

He washed his hands of it.
그는 그쪽과는 **발을 끊었어**.

'wash one's hands of ~'는 '~와 관계를 끊다'라는 뜻의 관용구입니다.
이 관용구는 성경의 마태복음에서 유래합니다. 예수에 대한 종교 재판이 열렸을 때, 로마 집정관인 빌라도가 예수와 관계가 없다고 '손을 씻었다.'는 표현을 한 것에서 유래했습니다.
또, 그 의미를 더욱 강조하기 위해 '손을 깨끗하게 씻다'는 뜻으로 'clean'을 삽입하여 'wash one's hands clean of ~'와 같이 표현하기도 합니다. 그리고 'a man with clean hands'라고 하면 '깨끗한 손을 지닌 사람', 즉 '청렴결백한 사람'이 됩니다.

한편, '방법'이나 '수단'도 '명사 hand'로 표현할 수 있습니다. 그래서 '비겁한 방법'을 흔히 'dirty hand'라고 표현합니다.

이 밖에도 hand가 포함된 관용구는 아주 많습니다. 예를 들어, 일상생활에서 누군가가 'My hands are tied.'라고 하면 그 사람의 손이 물리적으로 묶여 있다는 뜻이 아니라, '나는 어떻게 해 볼 도리가 없다.'는 표현이 됩니다.

또, 'He had my hands tied.'라고 하면 '그는 내 행동을 방해했다', 또는 '그는 나를 마음대로 못하게 했다.'라는 뜻이 됩니다. 그리고 '그녀가 나를 도와주었어.'라는 말도 'She gave me a hand.'라고 간단하게 표현할 수 있습니다.

아울러, 'hand in hand'라고 하면 '손을 잡고' 즉, '협조해서'가 되고, 'I gave her my hands on the deal.'이라고 하면 '난 그녀와 악수하고 계약을 맺었다.'라는 의미가 됩니다.

G·R·O·C·E·R·Y

발뒤꿈치는 'heel'

'하이힐'이라는 말의 인상이 너무 강해서 그런지, 'heel'을 '여성용 신발의 뒤꿈치'라고 생각하는 사람이 많습니다.

하지만 'heel'이라는 것은 '사람이나 동물의 발뒤꿈치'를 모두 나타내는 말입니다. 'She turned on her heels.'는 '그녀는 자신의 발뒤꿈치를 돌렸다', 즉 '그녀는 떠났다.'라는 의미가 됩니다.

참고로, '발바닥'은 'sole'이라고 하고, '발등'은 'instep'이라고 합니다.

71 친구와 '노는' 것은 아이들만 할 수 있다?

Q : '어젯밤 잭이 우리 아파트에 놀러 왔어.' 어느 것이 올바른 표현일까요?
① Jack came to my apartment to play with me last night.
② Jack came to see me last night.

아이든 어른이든 밖에 나가서 운동을 하거나 함께 모여 게임을 하면서 즐거운 시간을 보내는 것을 모두 동사 '논다'로 표현할 수 있습니다.
하지만 영어의 '동사 play'는 이보다는 훨씬 의미를 한정하여 사용해야 합니다.

Jack came to my apartment to play with me last night.
어젯밤 잭이 우리 아파트에 **놀러** 왔어.

어른들이 영어로 '놀러 왔다.'라는 표현을 이렇게 하게 되면, 이를 듣고 있던 원어민이 크게 웃을지도 모릅니다. '누구와 놀다.'라는 뜻으로 'play with~'라는 표현을 쓸 수 있는 경우는 어린아이뿐입니다. 다만, 어른이 어린아이와 같이 놀아줄 경우에도 'I played with~'라는 표현을 예외적으로 사용할 수 있습니다.

Jack came to see me last night.
어젯밤 잭이 우리 아파트에 **놀러** 왔어.

'어젯밤에 놀러왔다.'라는 의미는 그냥 '어젯밤에 날 보러 왔다.'라는 사실로만 간략하게 표현합니다. 참고로, '오늘 놀러 가자!'라고 할 때에는 'Let's go out tonight!'이라고 하면 의미가 통합니다. '시내의 번화가에 가자!'라고 제안하고 싶을 때는 'Why don't you go downtown?'과 같이 표현하면 됩니다. 낮에 놀러 갈 경우에도 구체적으로 어디에 갈 것인지, 또 무엇을 할 것인지를 정확히 말하면 자연스러운 표현이 됩니다.

Q : '난 그걸 잊을 수 없어.' 어느 것이 올바른 표현일까요?
① I can't forget it.
② I won't forget it.

비록 오래전에 겪은 일일지라도 자신에게 치욕스런 기억으로 남게 되면, 누구나 그 일을 '평생 잊을 수 없다.'라고 생각하게 됩니다.
이런 마음을 영어로 옮긴다면 어떻게 될까요?

I can't forget it.
난 그걸 잊을 수 없어.

이런 표현을 들은 원어민은 저 사람이 '그걸 잊고 싶은데도 뭔가 능력이 부족하여 잊지 못한다.'라는 의미로 받아들이게 됩니다. 따라서, 원래 전달하려던 뉘앙스가 완전히 왜곡되고 맙니다.

I won't forget it.
난 그걸 잊을 수 없어.

그런 치욕을 '결코 잊을 수 없다.'라는 말은 그것을 잊는 능력이 없다는 의미를 전달하는 게 아니라, '결코 잊지 않겠다.'라는 결연한 '의지'를 나타내는 것입니다. 이럴 때에는, 주어의 의지를 나타내는 '조동사 will'의 부정형인 'won't'를 사용해서 '~하지 않겠다.'라는 의지를 명확히 표현해야 합니다.
참고로, 'I'll never forget it.(절대 그걸 잊지 못할 거예요.)'나 'That's something I'll never put out of my mind.(그건 제 마음에서 절대 빠져나오지 않을 겁니다.)'라든지, 아니면 'That'll always be in my mind.(그건 언제나 제 마음속에 간직될 겁니다.)'와 같은 표현으로도 동일한 의지를 전달할 수 있습니다.

73 '지갑'도 여성용과 남성용을 구분하라!

Q : '그는 지갑을 쥔 채 문쪽으로 달려갔어.' 어느 것이 올바른 표현일까요?
① He ran to the door holding his purse.
② He ran to the door holding his wallet.

예전에는 중학교 영어 수업 시간에 '지갑=purse'라고 기계적으로 가르친 적이 있었습니다. 그 때문인지 '지갑'과 관련된 표현에서도 오류가 자주 발견됩니다.

He ran to the door holding his purse.

그는 **지갑**을 쥔 채 문쪽으로 달려갔어.

이런 표현을 들은 원어민의 입장에서는 어떤 남성이 '어깨 끈이 없는 여성용 핸드백 (purse)'을 쥐고 문을 향해 달리는 모습을 연상하게 될 것입니다..

He ran to the door holding his wallet.

그는 **지갑**을 쥔 채 문쪽으로 달려갔어.

'남성용 지갑'은 미국이든 영국이든 'wallet'이라고 말하는 것이 일반적입니다. 물론, 미국에서는 'billfold'라는 표현도 자주 사용합니다.
참고로, 'bill'은 '청구서', 또는 '지폐'라는 뜻을 나타내는 단어로, 'a dollar bill' 이라고 하면 '1달러짜리 지폐'가 됩니다. 아무튼, 'wallet'이나 'billfold'는 모두 '지폐를 넣는 남성용 지갑'이라는 뜻입니다. '잔돈용 지갑'은 'coin purse'라고 합니다. 비록 'purse'란 단어가 들어가 있지만 남녀 공용입니다.

Q : '불 있나요?' 어느 것이 올바른 표현일까요?

① Do you have fire?

② Do you have a light?

실내의 공기가 탁할 때에는 촛불을 몇 개만 켜놓으면 금세 효과를 볼 수 있습니다.
이때 마침 라이터나 성냥이 없어 주변 사람에게 '불 좀 빌려 달라' 고 부탁하는 장면을 떠올려
보세요.

Do you have fire?
불 있나요?

이런 문장을 접하게 되면 원어민은 화들짝 놀라며 어디에 불이 났나 두리번거리며
주위를 살펴볼지도 모릅니다. 영어로 'fire' 는 불길이 치솟거나 섬광이 번쩍이는 무
서운 '불' 을 가리키기 때문이죠.

Do you have a light?
불 있나요?

'성냥불' 이나 '라이터 불', 또는 '등불' 등은 'light' 으로 표현합니다.
같은 의미로, 'Do you have a lighter?(라이터 갖고 계시나요?)', 'Could you
give me a light?(불 좀 빌려 주실래요?)', 또는 'Could I use your lighter?(라
이터 좀 쓸 수 있을까요?)' 등도 자주 사용되는 표현입니다.
아울러, 상대방에게 예의를 갖춰 '빌려 달라.' 라고 부탁하는 표현으로는 'Could I
use ~?' 가 자주 사용된다는 점을 잘 기억해 두세요.

75 뻔히 알면서도 틀리는 '3인칭 단수 현재형 동사' 용법! ⋮⋮⋮

Q : '마이크는 자주 영화를 보러 가.' 어느 것이 올바른 표현일까요?
① Mike often go to the cinema.
② Mike often goes to the cinema.

이번에는 문법적으로는 훤히 꿰고 있으면서도 막상 실전 대화에서 흔히 실수를 범하고 마는 '3인칭 현재형 동사의 정확한 구사'에 관한 사항을 짚어보고자 합니다.

우선, '마이크는 영화를 자주 보러 다녀.', 즉 '마이크는 영화관을 자주 가.'란 말을 'go to the cinema'라는 관용적인 표현을 넣어서 신속하게 머릿속에서 영어로 옮겨 보시기 바랍니다.

Mike often go to the cinema.
마이크는 자주 영화를 **보러 가**.

주어가 '3인칭 고유명사'인 Mike이고 시제가 '현재형'이기 때문에 당연히 '동사 go'는 'goes'로 변형되어야 문법적으로나 어법상으로 올바른 문장을 구성하게 됩니다.

Mike often goes to the cinema.
마이크는 자주 영화를 **보러 가**.

'3인칭 현재형 동사 어미 −(e)s'가 뒤에 붙어야 한다는 사실을 잘 알고 있으면서도, 실제 문장을 구사하는 과정에서 이런 실수 아닌 실수가 빚어지는 까닭은 무엇일까요? 주어에 이어 'often'이라는 부사를 말하는 시점에 '3인칭 현재형 동사 어미'를 붙여서 말해야 한다는 사실을 까맣게 잊고 그냥 'go to the cinema'라고 말하기 쉽기 때문입니다.

다시 말해, '3인칭 주어'가 나오고 시제가 현재형이면, 그 중간에 어떤 부사가 오더라도 이에 구애받지 않고 '동사 어미'를 붙이는 언어 습관이 그만큼 부족한 데서 나타나는 현상이라고 하겠습니다.

그럼, 이번에는 '마이크는 영화를 전혀 보러 다니지 않아.', 즉 '마이크는 영화와는 담을 쌓았어.'라는 문장을 'go to the cinema'를 이용하여 재빨리 머릿속에서 영어로 옮겨 보세요.

'Mike never goes to the cinema.'가 정답입니다만, 이번에도 '부정 부사 never'를 말하는 순간 자신도 모르게 무심결에 그냥 'go'가 뒤따라 나왔을지도 모릅니다.

G·R·O·C·E·R·Y

연습으로 극복하는 '3인칭 단수 현재형 동사' 용법

다음 제시된 문장들을 각각 열 번씩만 큰 소리로 읽어 '3인칭 단수 현재형 동사'를 회화 속에서 자연스럽게 구사하는 능력을 길러보세요.

① *He often has ridiculous ideas.*
   (그는 종종 어리석은 생각을 해.)
② *She never does any work.*
   (그녀는 공부를 전혀 하지 않아.)
③ *Even Homer sometimes nods.*
   (호머 같은 대시인도 간혹 졸 수 있어. → 원숭이도 나무에서 떨어질 때가 있지.)
④ *She occasionally visits her uncle at Busan.*
   (그녀는 간혹 부산의 삼촌을 찾아가지.)
⑤ *He often loses his temper for nothing.*
   (그는 이따금 아무 것도 아닌 일에 화를 내.)
⑥ *He only has a few friends.*
   (그는 친구라곤 고작 몇 명뿐이지.)

76 'accident'에는 반드시 '부상자'가 따라야!

Q: '행사는 무사히 잘 진행되었어.' 어느 것이 올바른 표현일까요?
① The ceremony went well without an accident.
② The ceremony went well without an incident.

뭔가 중요한 행사가 있을 때에는 누구나 돌발적인 사태나 사고가 없기를 바라기 마련입니다.

The ceremony went well without an accident.
행사는 **무사히** 잘 진행되었어.

'돌발적인 일이나 사건'을 영어로 표현할 때 가장 먼저 머리에 떠오르는 단어가 바로 'accident'입니다. 하지만, 위의 문장처럼 'accident'를 써서는 곤란합니다. 영어에서 말하는 'accident'는 반드시 '부상자'나 '기물 파손' 등이 뒤따라야 하기 때문입니다. 따라서, 위의 문장은 '부상자나 기물 파손 없이 행사가 무사히 끝났다.'라는 말처럼 들리고 맙니다.

The ceremony went well without an incident.
행사는 **무사히** 잘 진행되었어.

그냥 일반적인 의미의 '돌발적인 일이나 사건'은 'incident'라는 표현을 사용한다는 점에 주의하세요. 이와는 달리, 거의 예외 없이 '인체의 손상'과 '자동차 파손'으로 이어지는 '교통사고'는 반드시 'accident'를 사용하여, 'I had a car accident.(교통사고가 났어.)'라고 표현합니다.

참고로, 어린아이가 옷이나 이불에 오줌을 싸는 '사건'도 그 자체를 과장하거나 놀리기 위해 'have an accident'라고 할 수 있습니다.

77 'black eye'는 '멍든 눈'!

Q: '그녀의 눈은 새카맣다.' 어느 것이 올바른 표현일까요?
① She has black eyes.
② She has dark-brown eyes.

'새카만 눈동자'는 동양인의 매력 포인트 중의 하나로 꼽힙니다.
하지만 이를 그대로 영어로 옮기면 적지 않은 실수를 빚을 수도 있어 주의를 요합니다.

She has black eyes.
그녀의 눈은 새카맣다.

이런 표현을 접한 원어민은 그녀에게 무슨 심각한 일이 있었냐고 걱정할 것입니다. 영어로 'black eye'는 누군가에게 '맞아서 눈가에 생긴 멍'이라는 뜻이기 때문입니다. 또, 눈가에 검은색과 파란색이 이어진 것처럼 보이는 멍을 'black-and-blue eye'라고 표현합니다. 따라서, 자기 애인을 자랑하기 위해 'She has beautiful blue eyes.'라고 말한다면, 듣는 사람은 정말 깜짝 놀라면서 당혹감을 감추기 어려울 것입니다.

She has dark-brown eyes.
그녀의 눈은 새가맣다.

소위 '새카만 눈동자'는 영어로는 'dark-brown eyes', 또는 그냥 'brown eyes'라고 합니다. 아무리 '새카만 눈동자'일지라도 자세히 들여다보면 갈색 빛깔이 들어있기 때문입니다. 다양한 색상의 눈을 가진 사람들이 사는 영미 문화권인 만큼 보다 정확하게 표현하는 것입니다. 같은 '파란' 눈인데도 'dark-blue(짙은 파랑)'인 사람도 있는 반면, 'pale-blue(옅은 파랑)'인 사람도 있습니다. 이 밖에도 '선명한 녹색'을 'emerald(에메랄드)'라 하고, '붉은 빛이 감도는 갈색'을 'hazel(엷은 갈색)'이라고도 하는 등 다양한 표현을 사용합니다.

78 시간 제한을 나타내는 '~까지'는 전치사 by로 표현하라!

Q : '11시까지 사무실에 들어가야 해.' 어느 것이 올바른 표현일까요?
① I have to go back to the office until 11 o' clock.
② I have to go back to the office by 11 o' clock.

'언제까지 ~해야 한다.' 라든지 '언제까지 ~했다.'와 같은 표현은 일상생활 속에서 흔히 사용하는 표현입니다.

이처럼 '~까지' 라는 표현은 의미에 따라 전치사를 알맞게 바꿔 사용해야 합니다.

I have to go back to the office until 11 o'clock.
11시까지 사무실에 들어가야 해.

'전치사 until' 을 이용하여 '~까지'를 표현하는 것이 뭐가 문제냐고 생각할 수도 있습니다만, 이렇게 표현하면 원어민의 입장에서는 혼란스러워집니다. 그만큼 의미가 성립될 수 없는 내용을 담고 있기 때문입니다. 전치사 'until' 은 '특정한 시간까지 동사가 나타내는 행위나 상황이 계속되는 것' 을 나타냅니다. 다른 말로 표현하자면, 그 동사가 나타내는 행위나 상황이 특정 시점까지 계속되다가 마침내 끝이 난다는 것입니다. 물론, '전치사 till' 의 경우도 마찬가지입니다. 따라서, '~까지 계속' 이라고 기억하는 것이 좋습니다.

예를 들어, '난 정오까지 그녀를 (계속) 기다렸어.' 는 'I waited for her until noon.' 이라고 표현합니다. 'noon' 까지 계속해서 기다리고 있었는데, 그 시점에 그 행위를 마쳤다는 것이죠. 그러므로, 'until' 이 포함된 위의 문장을 구사하게 되면, 원어민의 머리 속에는 '11시까지 계속해서 사무실에 들어가는 동작이 되풀이되는' 기묘한 상황이 떠올라 혼란스러워지게 되는 것입니다.

I have to go back to the office by 11 o'clock.
11시**까지** 사무실에 들어가야 해.

이처럼 '시간이 한정(제한)' 되어 있을 경우에는 '전치사 by' 로 표현합니다. '특정 시각보다 늦지 않게', 또는 '늦어도 그 시점까지' 뭔가를 하는 것을 나타냅니다.

'until' 이 그 시간까지 계속되는 동작이나 상태를 나타내는 데에 비해, 'by' 로 표현되는 동작은 1회 밖에 일어나지 않습니다. 현재부터 미래의 특정한 시간 중 어느 한 시점에 딱 한 번 일어나기 때문이죠. 따라서, '시간 제한', 또는 '마감' 을 가리킬 때 편리한 표현이라고 기억하세요.

간혹, '전치사 before' 도 '~전까지' 와 같은 '시간 제한' 을 나타낼 때도 있습니다. 예를 들어, 'My brother told me to call him before dinner time.' 이라고 하면, '형은 나한테 저녁 식사 전까지 전화를 하라고 말했어.' 라는 뜻이 됩니다. 물론, 이 문장에서는 before 대신 by를 사용할 수 있고, 그렇게 되면 '시간 제한' 의 의미가 더욱 명확해집니다.

아울러, 부정부사 not과 결합하여 만들어진 'not until' 의 용법도 주의 깊게 살펴볼 필요가 있습니다. 'It was not until midnight that I finished reading the book.' 이라고 하면 '내가 그 책 읽기를 끝마친 것은 한밤중까지는 아니었어.', 즉 '난 한밤중이 되어서야 비로소 그 책을 다 읽었어.' 라는 뜻이 됩니다. 이처럼, 'not until' 은 '~가 되어서야 비로소 ~하다' 라는 뜻을 나타냅니다.

G·R·O·C·E·R·Y

'막판' 은 영어로 어떻게 표현할까?

제한된 시간 내에 뭔가를 반드시 처리해야 할 때, 시간이 점점 더 빠듯해져 '막판에' 이르게 되면 초조함이 극에 달하게 됩니다. 이때 '막판에' 를 영어로는 'at the eleventh hour' 라고 합니다. 직역하면 '11시간째' 가 됩니다.

이는 성경의 마태복음에 그 유래를 두고 있는 표현입니다. 그 옛날 이스라엘 사람들은 해뜰 때부터 해질 때까지 약 12시간을 하루로 쳤기 때문에, 아침부터 일한 사람에게나 해지기 한 시간 전인 11시에 일을 시작해서 1시간만 일한 사람에게나 똑같은 품삯을 주는 모순이 발생했는데, 이때 그 11시를 가리키는 말이라고 합니다.

79 　'닭'도 사람처럼 '출산'을 한다?

Q : '닭이 알을 낳았어.' 어느 것이 올바른 표현일까요?
① The chicken gave birth to an egg.
② The hen laid an egg.

도시에서 생활하는 사람들은 '달걀'을 인근의 슈퍼에서 쉽게 구입할 수 있습니다. 그러다 보니 '닭이 알을 낳는' 장면을 직접 눈으로 확인할 일이 드물겠지만, 그래도 이 정도 표현은 영어로 정확히 할 수 있어야겠습니다.

The chicken gave birth to an egg.
닭이 알을 낳았어.

'chicken'에도 '닭'이라는 뜻이 있지만, 암수 구별이 없을 뿐만 아니라 요즘은 '닭고기'를 의미하는 단어로 사용되는 경향이 강합니다. 또한, 'give birth to ~'는 '~을 낳다.'라는 뜻이지만, 여기에는 '알이 아니라 태아를 출산하다.'라는 뜻이 담겨져 있습니다. 아마 이렇게 표현하게 되면, '닭고기가 마치 사람처럼 아이를 낳는 이미지'가 떠올라 웃음을 터뜨릴 원어민이 많을 것입니다.

The hen laid an egg.
닭이 알을 낳았어.

먼저, 알을 낳을 수 있는 '암탉'은 'hen'입니다. 반면, '수탉'은 'cock'이라고 하며, 미국에서는 'rooster'라는 단어도 자주 씁니다. 그리고 '알을 낳다.'를 나타내는 동사는 'lay'입니다. 자, 그럼, 갑자기 친구가 당황하면서 'My wife is in labor.'라고 말을 한다면 무슨 뜻이 될까요? '내 아내가 아주 힘든 노동을 하고 있다.'라고 해석해선 곤란합니다. 이 말은 '아내가 진통을 시작해서 아기를 낳기 시작했다.'라는 의미입니다. 여기서 'labor'는 '노동'이나 '일'이 아니라 '진통', 즉 '산고'라는 뜻으로 사용된 것이죠. 그래서, 진통을 참으며 아기를 낳으려고 하는 상태를 'be in labor'라고 표현합니다.

Q: '디저트로 슈크림 어떠세요?' 어느 것이 올바른 표현일까요?

① Would you like chou cream for dessert?

② Would you like a cream puff for dessert?

원어민 친구를 집에 초대해서 맛있는 저녁 식사를 대접했습니다.
디저트로 준비한 '슈크림'을 내놓을 때까지는 아무런 실수 없이 잘 넘어갔는데, 마지막에 예상하지 못했던 실수를 범했습니다.

Would you like chou cream for dessert?
디저트로 **슈크림** 어떠세요?

원어민에게는 'chou cream'이 'shoe cream', 즉, '신발용 크림(구두약)'처럼 들립니다. 서로 잘 아는 사이라면 웃고 넘길 수도 있는 상황이지만, 혹 그 원어민이 고지식한 직장 상사라면 제법 민망한 장면으로 이어질 수도 있습니다. 참고로 '구두약'은 'shoe-polish'입니다.

Would you like a cream puff for dessert?
디저트로 **슈크림** 어떠세요?

'슈크림'은 프랑스어로 '양배추 모양을 한 크림 과자'란 뜻인 'chou a la creme'를 줄여서 만든 말입니다. 하지만, 영어로는 'cream puff'라고 표현하지 않으면 의미가 통하지 않습니다. 'puff'는 '부풀려진 상태'를 나타내는 단어로, '부풀려서 볼륨감 있는 소매'나 '부풀려진 깃털 이불' 등을 의미하기도 합니다. 참고로, 술을 마시지 않은 사람한테 음료수를 권할 때, 'juice'라고 하면 보통 '과즙 100% 원액'을 가리킵니다. '탄산음료수'는 'soda', 알코올이 들어 있지 않은 '음료 전반'은 'soft drink'라고 합니다.

81 '흥분해서 두근거리는 마음'은 '수동태'로!

Q : '두근두근하고 마음이 떨려요.' 어느 것이 올바른 표현일까요?
① I am exciting.
② I am excited.

이번에는 충격적인 얘기를 듣고 '흥분해서 마음이 두근거린다.' 라고 말할 때 어떻게 표현해야
하는지 같이 살펴봅시다.

I am exciting.
두근두근하고 마음이 떨려요.

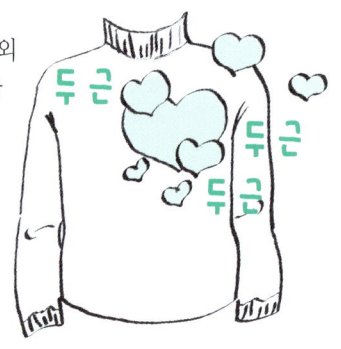

이처럼 'excite' 이란 동사를 잘못 쓰는 사람이 의외
로 아주 많습니다. 이렇게 표현하면 '난 (주위 사람
을) 흥분하게 만드는 대단한 사람이다.' 라는 엉뚱
한 뜻이 되고 맙니다.
그것도 충격을 받아 흥분한 표정으로 힘을 주어
말한다면, 상대방의 웃음소리는 그만큼 더 커지
고 말 것입니다.

I am excited.
두근두근하고 마음이 떨려요.

'동사 excite' 은 '누구를 흥분시키다, 누구를 자극하다.' 라는 의미를 지닌 타동사입
니다. 따라서, '내가 무엇에 의해 흥분이 된' 경우는 수동태로 표현해야만 하는 것
입니다. 이때 'be 동사' 대신 'get' 을 써서 'get excited' 로 표현해도 좋습니다. 예
컨대, 'I got excited by the news.(그 소식을 듣고 마음이 떨렸어.)' 라든지,
'Don't get so excited.(그렇게 흥분하지 마.)' 와 같은 표현도 자주 사용됩니다.
한편, 형용사 exciting도 '흥분시키는, 감동시키는' 이라는 뜻으로 자주 사용됩니

다. 'That's exciting!(그거 손에 땀을 쥐게 하네!)' 이라든지, 'exciting news(흥분을 느끼게 만드는 소식)' 와 같은 표현이 그 대표적인 예입니다.

참고로, '동사 interest' 도 마찬가지입니다. '관심이 있다.' 라는 능동태로 생각하기 쉽지만, 실제로는 '무엇에 의해 흥미를 갖게 되다.' 라는 수동태로 표현해야 합니다. 따라서, 'I'm interesting.' 이 아니라 'I'm interested.' 라고 해야 합니다. 만약, 'I'm interesting.' 이라고 하게 되면 마치 '난 흥미로운 사람이야.' 라며 자화자찬하는 것처럼 들리게 됩니다.

이외에도 수동태를 취해야 하는 동사가 많이 있습니다. 예를 들어, '지루하다' 라는 말은 'I'm bored.' 와 같이 수동태를 취해야 합니다. 만약, 능동태를 취해 'I'm boring.' 이라고 하면, '난 (상대방을 지루하게 만드는) 재미없는 사람이야.' 란 뜻이 되고 맙니다. 같은 이치로, 상대방에 대해 '지루했지?' 라고 물을 때 'You're boring.' 이라고 하면 '넌 나를 지루하게 만드는군.' 과 같은 엉뚱한 뜻이 되어 큰 오해를 불러일으키게 됩니다.

또, '우울하다' 라고 할 때에도 수동태를 취하여 'I'm depressed.' 라고 표현해야 합니다. 'I'm depressing.' 이라고 하면, '난 남을 실망시키는 사람이야.' 란 뜻이 되고 맙니다. '짜증이 나다.' 라는 'I'm frustrated.' 라고 해야 합니다. 'I'm frustrating.' 이라고 하게 되면, '난 남을 짜증 나게 만드는 사람이야.' 란 뜻이 되고 맙니다.

G·R·O·C·E·R·Y

형용사에도 주의가 필요!

본인이 주체적으로 느끼는 감정인데도, 영어로는 수동태로 표현하는 경우가 많이 있습니다. 능동태에 해당하는 '난 겁이 나.' 라는 말도 영어에서는 '외부의 상황이나 어떤 대상에 의해 겁을 먹고 있는 상태' 를 나타내는 것으로 보기 때문에 'I'm scared.' 라고 표현합니다. 만약, 'I'm scaring.' 이라고 표현하게 되면, '난 다른 사람을 무섭게 만드는 사람이야.' 가 되고 맙니다. 또한, 'scary' 라는 능동형 형용사를 쓰게 되면 '난 겁이 많은 사람이야.' 라는 뜻이 되고 맙니다.

한편, 상대방이 여러분을 무섭게 만든 경우에는 'You scared me.' 라고 표현하면 됩니다.

82 '여행'과 관련된 위험천만한 표현 정리

Q : '지난주엔 여행을 했어요.' 어느 것이 올바른 표현일까요?

① I tripped last week.

② I went on a trip last week.

여행을 화제로 삼을 때에도 정확한 표현에 신경을 써야 합니다.
그렇지 않으면 이야기가 채 끝나기도 전에 심각한 수준의 오해를 받을 수도 있기 때문이죠.

I tripped last week.

지난주엔 여행을 했어요.

'trip'은 '여행'이라는 명사로는 쓰이지만, 예문처럼 '여행을 하다.'라는 동사로는 사용되지 않습니다. 현대 영어에서 'trip'이 동사로 사용될 때에는 '걸려서 넘어지다.'라는 뜻이 가장 일반적입니다. 그렇기 때문에 이 말을 들은 원어민은 '지난주 발이 걸려서 넘어졌다.'라는 뜻으로 해석하게 됩니다.

더욱이, 이 문장에 이어서 'I really enjoyed it.(정말 좋았어요.)'라고까지 말하게 되면, 상대방은 깜짝 놀란 표정을 짓게 될 것입니다. 왜냐하면, 'trip'에는 '마약 등의 힘으로 환각 상태를 보다.'라는 뜻도 있어서, '지난주에 마약을 복용하면서 즐겼다.'라는 엄청난 뜻으로도 해석이 되기 때문이죠.

I went on a trip last week.

지난주엔 여행을 했어요.

위의 문장처럼 'trip'을 명사로 사용해야만 위험천만한 오해를 피하고 정확한 의미를 전달할 수 있습니다.

한편, '여행'을 뜻하는 단어에는 'travel, tour, journey' 등도 있어 이를 구별하여 사용하기가 쉽지 않습니다. 우선, 'trip'은 '주로 단기간에 갔다가 돌아오는 여행'을 가리킵니다. 'take a trip to ~'라고 하면, '~에 여행가다.'라는 뜻이 됩니다. 출장의 경우에는 'make a trip'이라는 표현도 합니다. 또, 1박만 하는 극히 짧은 여행도 'overnight trip'이라고 표현합니다.

반면, 'travel'이라고 하면, '경유지가 많고 시간이 소요되는 여행을 나타내는 일반적인 명사'입니다. 'tour'는 '관광이나 시찰 등을 각지를 방문하는 주유(周遊) 여행'을 가리킵니다.

따라서, 1박 2일 정도의 '온천 투어'나 '꽃놀이 투어'와 같은 표현은 적절하지가 않습니다. 오히려 'overnight trip to ~'라고 표현해야 정확합니다.

G·R·O·C·E·R·Y

고생 없는 'travel'은 없다!

travel은 우리의 조상들이 과거에 얼마나 고생스럽게 여행을 했는지를 단적으로 알려주는 단어입니다. 프랑스어의 'travillen'에서 파생되어 최초에는 '여행의 고생'을 뜻하는 'travail'이라는 단어로 쓰였답니다.

'travail'이 오늘날에도 '고통, 산고(産苦)'를 뜻하는 단어로 사용되는 것은 결코 우연의 일치가 아닙니다. 이처럼 오래 세월을 거치면서, '고통'을 뜻하는 'travail'에서 지금의 '여행'을 뜻하는 'travel'이 만들어진 것입니다.

참고로, '여행'을 나타내는 다른 단어의 변천을 보면, 'trip'은 '기뻐하며 발을 밟아 소리를 내다 → 경쾌하게 걷다 → 여행'과 같은 과정을 거쳤습니다. 'tour'는 '원, 원주 운동'에서 '주유 여행'의 의미로 변천되었는가 하면, 'journey'는 '하루'에서 '하루에 하는 일'을 거쳐, '당일치기 나들이', 그리고 '여행'의 의미로 변천되었던 것입니다.

83 | '커닝'은 'cheat'으로!

Q : '그녀는 시험에서 커닝을 했어.' 어느 것이 올바른 표현일까요?
① She did cunning on the examination.
② She cheated on the examination.

시험을 치르다 보면, 감독관이 아무리 열심히 감시를 하더라도, 기상천외한 방법까지 동원하여 소위 '커닝'을 하는 학생이 있게 마련입니다.

She did cunning on the examination.
그녀는 시험에서 **커닝**을 했어.

'cunning'이란 영어 단어는 물론 존재합니다. 다만, '간사한, 교활한, 사람을 잘 속이는' 등의 뜻을 나타내는 형용사나 '간사함, 교활함' 등을 가리키는 명사로 사용될 뿐입니다. 그렇기 때문에 그 자체로써 '시험 부정행위'를 나타낼 수 없습니다. 참고로 '회의'를 영어로 'meeting'이라고 하는 것은 누구나 다 아는 사실입니다. 실제로 '회의'라는 단어 대신 '미팅'이라고 표현하기도 합니다. 그러나, '미팅을 했다.'라는 표현을 할 때 동사에 'do'를 사용하면 잘못된 영어가 되고 맙니다.
실제로 동사 do에는 '~을 하다, ~을 진행하다'는 의미가 포함되어 있지만, do a meeting이라는 표현은 사용하지 않기 때문입니다.

She cheated on the examination.
그녀는 시험에서 **커닝**을 했어.

'부정행위'를 위해 쪽지를 만들어 사용하거나, 아니면 다른 사람의 답안지를 몰래 보고 '커닝하는 행위'를 표현할 때는 'cheat'이라는 동사를 사용하는 것이 가장 적절합니다. 동사 'cheat'은 '속이다, 사기를 치다.'라는 뜻을 나타내며, 카드 게임에서 상대방을 속일 경우에도 'He cheated at poker.'라는 식으로 말합니다.
또, '바람을 피우다.'라는 뜻도 있어서, 'She was cheating on her husband.'라고 하면 '그녀는 남편 몰래 바람을 피고 있었다.'는 의미가 됩니다.

Q : '난 어제 팔에 상처를 입었어.' 어느 것이 올바른 표현일까요?

① I was wounded in the arm yesterday.

② I hurt my arm yesterday.

'상처를 입다.'라는 표현도 그 상황이나 정도에 따라 다양한 의미를 전달하게 됩니다. 따라서, 영어에서는 이에 적합한 표현을 쓰는 게 매우 중요합니다.

I was wounded in the arm yesterday.
난 어제 팔에 상처를 입었어.

아프다는 표정을 지으면서 팔에 붙은 1회용 반창고를 가리킨 채 이렇게 말을 하게 되면, 원어민은 어쩌면 실소를 금치 못할지도 모릅니다. 'wound'는 '상처를 입히다.' 라는 뜻의 동사인데, 여기서 말하는 '상처'는 상대방의 총이나 칼 등 무기로 의해 고의적으로 입게 된 것을 말합니다. 따라서, 전쟁이나 심한 싸움, 혹은 폭행 사건 등을 전제로 합니다. 즉, 넘어지거나 부딪쳐서 생긴 상처는 이에 해당하지 않습니다.

I hurt my arm yesterday.
난 어제 팔에 상처를 입었어.

그냥 '사고'나 '부주의'에 의한 상처나 부상은 'hurt', 또는 'injure'를 씁니다. 따라서, 'She was hurt[injured] in a car accident.'는 '그녀는 교통 사고로 부상을 입었다.'라는 의미를 나타냅니다. 이때, hurt는 injure보다 의미가 약하기 때문에 부상이 가벼운 경우에 씁니다.

또한, 위의 예문처럼 'hurt'는 자동사로 '아픔을 느끼다.'라는 뜻을 지니고 있어, 'My back hurts.'는 '등이 아프다.'라는 표현으로 흔히 사용됩니다.

85 '부사'는 직접 '명사'를 수식하지 않는다!

Q : '관객은 거의 모두 한국사람이었어.' 어느 것이 올바른 표현일까요?
① The audience was almost Korean.
② The audience was almost all Korean.

영어에서 부사의 용법과 형용사의 용법을 정확히 구분하여 사용하기란 때론 어렵게 느껴집니다. 'almost' 처럼 평소 낯이 익은 단어에도 함정이 숨어 있습니다.

The audience was almost Korean.
관객은 **거의 모두** 한국사람이었어.

'almost' 는 '거의, 대부분' 이라는 뜻을 나타내는 부사입니다. 그래서 형용사나 동사, 또는 다른 부사를 주로 수식하고, 위 문장처럼 직접 '명사 Korean' 을 수식하지는 않습니다.

The audience was almost all Korean.
관객은 **거의 모두** 한국사람이었어.

반면, '부사 almost' 뒤에 '형용사 all' 을 집어넣게 되면, almost가 all을 수식하게 되면서 '청중은 거의 모두 한국사람이었다.' 라는 뜻을 제대로 나타낼 수 있습니다. 예컨대, '거의 모든 친구에게 전화를 걸었어.' 라는 문장도 almost가 형용사 all을 수식하는 형태를 취해 'I called almost all my friends.' 와 같이 표현할 수 있습니다. 또한, '내가 가진 거의 모든 돈' 은 'almost all my money' 로 표현 가능합니다. 그리고, 'The bottle was almost empty.' 라고 하면, '그 병은 거의 비었다.' 라는 의미를 전달하게 됩니다.

86 | '철자'의 달인은 마법사?

Q : '고맙지만, 그 철자는 알고 있어요.' 어느 것이 올바른 표현일까요?
① Thank you, but I'm familiar with the spell.
② I know how to spell it.

이번에는 원어민이 이미 알고 있는 단어의 철자를 친절히 가르쳐 주겠다고 자청하는 경우를 생각해보겠습니다. 이때 '뜻은 고맙지만, 그 철자는 이미 알고 있다.' 라는 요지로 답변한다면 어떻게 표현해야 좋을까요?

Thank you, but I'm familiar with the spell.
고맙지만, 그 **철자**는 알고 있어요.

영어의 'spell' 은 크게 두 가지의 의미로 사용됩니다. 동사로는 '철자를 쓰다.' 라는 의미로 사용됩니다. 하지만, 이번 경우처럼 명사로 사용될 때에는 '주문' 이나 '마법' 을 뜻합니다.

따라서, 이 문장을 들은 원어민의 머리 속에는 빗자루를 든 마법사의 모습이 떠올랐을 가능성이 큽니다. 다시 말해, '고맙지만, 전 마법에 익숙하답니다.', 즉 '고맙지만, 전 마법에 정통하답니다.' 는 뜻으로 귀에 들렸을 가능성이 큰 것입니다.

I know how to spell it.
고맙지만, 그 **철자**는 알고 있어요

'그 단어의 철자는 잘 안다.' 라고 말할 때에는 단순히 '어떻게 철자를 쓰는지 알고 있다.' 라는 관점에서 표현해야 합니다.

또한 '동사 spell' 의 명사형은 'spelling' 이므로, 'I know the spelling.' 이라고 해도 동일한 의미를 전달할 수 있게 됩니다.

87 | '스트레스'는 '풀지' 말고 '해소하라'!

Q: '스트레스를 풀고 싶어요.' 어느 것이 올바른 표현일까요?
① I want to solve my stress.
② I want to relieve my stress.

현대인에게 건강을 해치는 가장 큰 적은 '스트레스(stress)'입니다.
개인의 여가 생활이나 취미 등은 모두 심신의 스트레스를 풀기 위한 행위가 아닌가 합니다.
이처럼 '스트레스를 풀다.'라는 문장은 영어로 어떻게 표현해야 할지 생각해보겠습니다.

I want to solve my stress.
스트레스를 풀고 싶어요.

'동사 solve'는 '복잡하게 얽혀 있는 대상을 풀다.'라는 의미를 전달합니다. 따라서, '심신의 스트레스를 이완하거나 해소하다.'라는 뜻으로는 사용되지 않습니다.

I want to relieve my stress.
스트레스를 풀고 싶어요.

위의 문장처럼 '스트레스'는 '이완', 또는 '해소'의 대상이기 때문에 '동사 relieve'가 가장 적합합니다. 이보다 좀 더 강한 뜻을 나타내는 'get rid of ~(~을 제거하다.)'도 자주 사용됩니다. 따라서, 'I have to get rid of my stress.(스트레스를 해소해야겠어요.)'도 함께 익혀 두기 바랍니다.
이 밖에도 흔히 사용되는 관련 표현을 살펴보면, 'I have a lot of stress to relieve.(스트레스가 엄청 쌓여 있어요.)', 'I'm trying to get something off my mind.(마음속에 쌓인걸 좀 덜어내야겠어요.)' 등이 있습니다.

'마음'이 아니라 '처지'를 이해하라!

> **Q** : '제 마음을 이해해 주세요.' 어느 것이 올바른 표현일까요?
> ① Please, understand my mind.
> ② Please, understand my situation.

동양 문화권에서 널리 통용되는 개념 가운데는 영어권에서 쉽게 이해하기 어려운 것들이 제법 많습니다. 예컨대, '마음'이라든지 '정'이라든지 하는 개념도 여기에 속합니다. 그래서인지 이 와 관련된 영어식 표현에서 실수가 자주 일어납니다.

Please, understand my mind.
제 **마음**을 이해해 주세요.

원어민에게 이렇게 표현하게 되면 기본적인 뜻은 어느 정도 전달될 수 있겠지만, 액 면 그대로 받아들일 경우에는 '현재 나의 정신 상태를 이해해 달라.', 즉 '비정상적 인 나의 사고방식을 이해해 달라.'라며 억지를 부리는 것처럼 해석될 수 있습니다. '명사 mind'는 '마음[정신]의 상태', 또는 '사고방식'을 나타내기 때문입니다.

Please, understand my situation.
제 **마음**을 이해해 주세요

따라서, '현재 내가 처한 상황을 이해해 달라.'라는 뜻을 살려, 'situation'을 사용 하는 것이 바람직합니다. 아니면, 간략하게 'Please, understand me.'라고 표현 해도 좋습니다. 'Please, try to understand what I'm saying.(제 말뜻을 이해해 주세요.)'이라든지, 'I hope you can understand me.(절 이해해 주시길 바랍니 다.)' 같은 표현도 자주 쓰입니다. 또한, 'I hope you don't misunderstand me.(절 오해하지 않으셨으면 합니다.)', 'Please, consider my position.(제 입장 을 고려해 주세요.)'도 함께 익혀두면 요긴하게 사용할 수 있습니다.

89 '좋은 새해 보내세요!'도 Konglish!

Q : '새해 복 많이 받으세요!' 어느 것이 올바른 표현일까요?
① Please, have a good year!
② Happy New Year!

요즘 E-mail 사용이 일반화되면서 인사말도 변화를 보이고 있습니다. 예를 들면, '좋은 시간 보내세요.'라든지 '좋은 하루 보내세요.'와 같은 표현이 E-mail의 대표적인 인사말로 쓰이게 되었습니다.

그렇다면, 연하장을 보내면서 새해 인사를 할 때 이 같은 맥락의 인사말을 영어로 표현한다면 어떻게 될까요?

Please, have a good year!
새해 복 많이 받으세요!

이렇게 표현하더라도 원어민의 입장에서 전달하려는 내용 자체는 무리 없이 이해될 수 있을 겁니다. 그러나 평소 쓰지 않는 표현이기 때문에 생소하게 받아들일 것만은 확실합니다. 또한, 이렇게 생소한 표현을 통해서는 자신의 따뜻한 마음이 제대로 전해질 리 만무합니다.

Happy New Year!
새해 복 많이 받으세요!

너무나 잘 알고 있는 표현입니다.
참고로, 이 문장은 'I wish you a happy new year.'를 간략하게 표현한 것입니다.

따라서, 새해 인사는 이 한 마디면 충분합니다.

연하장과 함께 자주 사용되는 크리스마스 카드에는 대개 'Merry Christmas and a happy new year!' 라고 쓰여져 있습니다. 이 또한 '크리스마스 이전'에 사용할 수 있는 멋진 새해 인사말이기도 합니다.

물론, 'Marry Christmas!'는 원래 기독교식 인사말이기 때문에, 종교가 서로 다른 이슬람교 친구나 불교 신자 등에게는 다른 인사말을 하는 게 좋습니다. 그리고 크리스마스와 연말연시 전후에 보내게 되는 휴가에 대한 인사말로는 'Happy holidays!(멋진 휴가를 보내세요!)' 등이 있습니다.

아울러, 매일 사용하는 인사말의 기본 의미도 이 기회에 이해해두시는 것이 좋겠습니다. 예를 들어, 'Good morning.'은 사람을 만났을 때는 물론이거니와 헤어질 때에도 사용합니다.

이 또한 'I wish you a good morning.'을 줄인 말로, '좋은 아침 보내기를 기원합니다.' 라는 뜻이죠. 'Good afternoon.'과 'Good evening.', 그리고 'Good night.'의 경우도 마찬가지입니다.

G·R·O·C·E·R·Y

Have a good one!

헤어질 때 흔히 쓰는 인사말로 'Have a good day!(좋은 하루 보내시길!)'이 있습니다. 이처럼 'Have a ~!' 유형에 속하는 인사말로, 저녁에 사용하는 'Have a nice evening!', 밤에 사용하는 'Have a good night!' 등을 꼽을 수 있습니다.

이 밖에도 여행을 가는 사람에게는 'Have a good trip!(좋은 여행을!)', 외출하는 사람에게는 'Have a nice time!(좋은 시간을 보내세요!)' 등으로 사용되는 등 다양하게 활용되고 있습니다.

이런 취지에서 최근 'Have a good one!'을 인사말로 쓰는 원어민들이 늘고 있습니다. 딱히 구체적으로 대상을 제한하지 않고, 그 대신 막연하게 one이라는 대명사로 지칭하고 있어 언제 어디서 사용하더라도 큰 문제가 없기 때문입니다.

90 '입다, 신다, 차다, 쓰다.'는 모두 '동사 wear'로!

Q : '그는 늘 넥타이를 매고 있어.' 어느 것이 올바른 표현일까요?

① He is always putting on a tie.

② He always wears a tie.

영어에서는 기본적으로 '어떤 행위를 하려는 장면'을 나타내는 동사와, '그와 같은 행위가 지속하는 상태'에 대체로 다른 표현을 이용합니다.

He is always putting on a tie.

그는 늘 넥타이를 매고 있어.

'넥타이를 매고 있는 상태'를 '동사구 put on'으로 묘사하면 곤란합니다. 이렇게 표현하면 원어민에게는 하루종일 그 사람이 넥타이를 매는 동작만 반복하는 것처럼 들립니다. 'put on'은 '뭔가를 입는 동작'을 나타내는 동사 구문이기 때문입니다.

He always wears a tie.

그는 늘 넥타이를 매고 있어.

'뭔가를 착용하고 있는 상태'는 '동사 wear'로 표현해야 합니다. 또, 그 자체가 '동작의 진행이나 계속'을 전제로 하고 있기 때문에, 특별한 이유가 없는 한 진행형을 취하지 않습니다.

아울러, '동사 wear'를 '옷을 입다.'라는 의미로만 이해해서도 곤란합니다. 다시 말해, 넥타이를 '매고 있는' 경우는 물론, 양말이나 신발을 '신고 있는' 경우, 손목 시계를 '차고 있는' 경우, 또한 안경을 '끼고 있는' 경우와 모자를 '쓰고 있는' 경우 모두 '동사 wear'로 표현할 수 있습니다.

Chapter 4 | 이렇게 표현하면 상대방 기분까지 망친다!

91 │ '차를 태워줄 때' 에도 예의를 지켜라!

Q : '제가 차를 태워드리죠.' 어느 것이 올바른 표현일까요?

① I'll let you ride my car.

② I'll give you a ride.

평상시 승용차를 자주 이용하는 사람이라면, 같은 방향으로 가는 상대방에게 호의를 베풀어 태워주는 경우에도 '예의' 와 '범절' 에 맞는 영어 표현을 써야 합니다. 그렇지 않으면 호의는 고사하고 상대방의 기분까지 망칠 수 있기 때문이죠.

I'll let you ride my car.
제가 차를 **태워드리죠**.

아무 대가 없이 상대방을 자신의 차에 태워 목적지까지 데려다 주겠다는 호의도 이렇게 표현해서는 결례가 되고 맙니다. 'I'll let you ~.' 라는 표현에는 상대방이 허락을 요청한 것을 '들어주다.' 라는 뉘앙스가 들어있기 때문입니다. 다시 말해, 상대방이 부탁도 하지 않았는데 생색을 내며 허락해 주듯이 말하면, 도와주겠다는 호의를 이해하기에 앞서 기분부터 상하게 되는 것이죠.

I'll give you a ride.
제가 차를 **태워드리죠**.

'give ~ a ride' 는 '~을 차에 태워주다.' 라고 할 때 가장 일반적으로 쓰이는 표현입니다.

좀 더 정중하게 호의를 표하고 싶을 때엔 'if you like(괜찮으시다면, 좋으시다면)'

를 앞이나 뒤에 붙이면 됩니다. 물론, 여기에다 '조동사 would' 까지 넣어서 'If you would like, I can give you a ride.' 라고 하면 상대방에 의지를 존중하는 표현이 됩니다.

또, 'I'll drive you to the station.(역까지 데려다 줄게요.)', 'I'll drive you home.(집까지 데려다 주겠습니다.)' 라는 식으로 목적지를 명확히 말하면서 자신의 호의를 표현할 수도 있습니다.

한편, 권유를 받는 입장인 경우, '역에서 내려주시겠어요?' 라고 부탁하려면 'Will you drop me off at the station?' 이라고 말할 수 있습니다.

이때 'Drop ~ off(~를 내려주다)' 구문은 한 가지 주의가 필요합니다. '남자 친구가 날 내려줬어.' 를 'He dropped me.' 라고 표현하게 되면, '남자 친구가 나를 떨어뜨려 놓고 가버렸다.', 즉 '남자 친구에게 내가 차였다.' 라는 의미가 되고 맙니다. 따라서, 반드시 뒤에 'off' 를 넣어야 한다는 걸 잊지 마시기 바랍니다.

한편, '차를 갖고 마중 나가다.' 라고 할 경우는 'pick ~ up' 으로 표현하는 것이 일반적입니다.

따라서, 'I'll pick you up at 5 o'clock.' 이라고 하면 '5시 정각에 내가 차로 마중 나갈게.' 라는 뜻입니다. 자동차 없이는 활동하기가 극히 어려운 미국에서 흔히 접할 수 있는 표현입니다.

G·R·O·C·E·R·Y

운전은 못 해도 drive는 할 수 있다?

'drive' 라는 단어의 뜻은 기본적으로 '무엇의 진행 과정을 재촉한다.' 라는 데 있습니다. 그렇기 때문에 '차를 운전하다.' 라고 할 때에만 쓰이는 것이 아니라, 그 밖의 수많은 행위나 상태에 대해서도 사용 가능합니다. 예를 들어, 'She drives me mad.' 는 직역하면 '그녀는 나를 미친 쪽으로 몰고 가.', 즉 '그녀는 날 미치게 만들어.' 가 됩니다. 이처럼 주어를 어떤 행위나 상태로 몰아넣거나, 선택의 여지가 없는 상황으로 끌고 가는 경우를 표현하며, 'The noise drives me crazy.(소음으로 인해 정말 짜증 나.)' 와 같이 주어가 사람이 아닌 경우도 있습니다.

'명사 drive' 도 '운전' 이외의 뜻으로도 사용됩니다. 'He has great drive.' 에서는 '운전' 이 아니라 '적극적인 추진력' 을 가리킵니다. 또, 'sexual drive' 역시 '애인과의 섹시한 드라이브' 가 아니라 '성적인 충동' 을 말합니다.

92 '왜 우리나라에 왔는지' 묻지 마라!

Q : '한국엔 어떤 일로 오셨습니까?.' 어느 것이 올바른 표현일까요?
① Why did you come to Korea?
② How did you happen to come to Korea?

외국인에게 방문의 목적을 묻더라도 그 표현 방법을 잘 선택하지 않으면 불필요한 오해를 사는 것은 물론, 상대방의 기분까지 상하게 할 수 있습니다.

Why did you come to Korea?
한국엔 **어떤 일로** 오셨습니까?

이렇게 직접적으로 이유를 묻는 것만으로도 실례가 됩니다. 듣기에 따라, '특별한 목적 없이 왜 우리나라에 왔냐?' 고 힐문하는 것처럼 들릴 수도 있습니다. 지극히 개인적인 목적으로 방문한 원어민의 경우에는 심지어 화를 내면서 'None of your business.(당신과는 상관없잖아요.)' 라며 화를 낼 가능성도 배제할 수 없습니다.

How did you happen to come to Korea?
한국엔 **어떤 일로** 오셨습니까?

같은 질문일지라도, 이렇게 표현하면 '어떤 경위로 한국에 오게 되셨나요?' 처럼 예의를 갖춰 상대방의 방문 목적을 물을 수 있습니다. 또한, 'What made you decide to come to Korea?' 와 같은 표현도 '한국 방문을 결정하게 한 요인은 무엇이었나요?' 와 같이 간접적으로 방문 목적을 물을 때 자주 사용됩니다. 한편, 우연히 어디서 친구를 만났을 때, '여긴 웬일이니?' 와 같은 표현을 흔히 쓰게 됩니다. 이때에도 'Why are you here?(왜 여기에 있니?)' 가 아니라, 'How did you happen to be here?(여긴 어쩐 일이니?)' 라고 해야만 예의를 벗어나지 않는다는 점도 함께 기억해 두세요.

93 'wise'라는 표현도 상대방에게 모욕이 될 수 있다!

Q : '당신은 현명한 남성이군요.' 어느 것이 올바른 표현일까요?
① You're a wise guy.
② You're intelligent.

항상 판단이 명쾌하고 현명해 보이는 상대방에게 '똑똑하다.'라는 뜻으로 'wise'라는 표현을 잘못 사용하면 오히려 듣는 사람의 마음을 상하게 할 수 있습니다.

You're a wise guy.
당신은 **현명한** 남성이군요.

상대방에게 '현명한 남성'이라고 추켜세우기 위해 이렇게 말하면, 일순간 상대방의 얼굴이 당혹감을 넘어서서 화가 난 표정을 짓게 될 것입니다. '형용사 wise'에는 '현명한'과 같은 긍정적 의미도 들어 있지만, '잘난 체하는, 약삭빠른'과 같은 부정적 의미도 함께 포함되어 있어, 'wise guy'의 경우에는 '잘난 척하고 약삭빠른 녀석'으로 충분히 받아들여질 수 있기 때문입니다.

You're intelligent.
당신은 **현명한** 남성이군요.

이런 우려를 불식하려면, 'intelligent'를 이용하여 표현하는 게 바람직합니다. 'wise'는 지식과 경험의 축적을 전제로 하기 때문에 주로 연령이 높은 어른을 묘사하는 데 쓰이며, 그렇기 때문에 '약삭빠른' 측면까지도 포함하고 있습니다. 반면, 'intelligent'는 지식이나 경험의 축적과는 상관없이 '원래 똑똑하고 현명한' 경우를 나타냅니다. 따라서, 연령에 상관없이 쓰일 뿐만 아니라, 그 자체에 부정적인 의미가 포함되어 있지 않습니다. 학교 성적이 우수하거나, 뛰어난 재능을 가진 사람을 칭찬할 때는 'brilliant'를 이용하여 'You're brilliant.'라고 써도 좋습니다. 이때 같은 의미로 'smart'나 'bright'도 사용할 수 있습니다. 다만, 'clever'의 경우에는 영리한, 슬기로운'의 의미도 있지만, '교활한, 약삭빠른'의 의미도 있어 가려가며 써야 합니다.

94 │ 농담일지라도 '거짓말쟁이'는 타부(Taboo)!

Q: '거짓말쟁이!' 어느 것이 올바른 표현일까요?
① You're a liar!
② You're kidding!

일상회화 속에서 상대방이 짓궂은 농담을 하거나 악의없는 과장을 늘어놓을 경우, '거짓말쟁이'라든지 '그거 뻥이지?'와 같은 표현을 가볍게 던지곤 합니다. 이런 말을 영어로 그대로 옮겨 써서는 곤란합니다.

You're a liar!
거짓말쟁이!

영어로 이런 표현을 쓰게 되면, 가볍고 친근한 느낌은 전혀 찾아볼 수 없습니다. 아니, 상대방을 '거짓말쟁이'로 단죄하는 심각한 모욕이 되고 맙니다. 동사로 '거짓말을 하다.'를 나타내는 'lie'는 문자 그대로 '고의로 상대방을 속이다.'라는 뜻이므로, 상대방에게 가벼운 뉘앙스로 쓸 수 없습니다.
특히, 영미 문화권에서는 '거짓말'은 그 무엇보다 큰 죄로 인식하기 때문에, 상대방에게 이렇게 말하면 그 사람의 인격을 공격하는 행동이나 마찬가지가 됩니다.
따라서, 'You're a liar.'나 'You're telling me a lie.', 또는 'That's a lie.' 같은 표현을 가볍게 상대방에게 구사해서는 곤란합니다.

You're kidding!
거짓말쟁이!

가벼운 의미의 '거짓말'은 영어에서는 '농담'으로 바꿔 표현해야 합니다. 다시 말해, 이야기를 재미있게 하기 위해 약간 과장하거나 각색하여 익살을 떠는 것은 '거짓말'이 아니라 '농담'에 해당하는 것이죠.

이때 사용하는 단어가 'kid'입니다. '아이'를 나타내는 명사와 동음이의어로, '농담을 하다, 놀리다.'라는 뜻의 동사입니다. 따라서, 'You're kidding!'이라고 하면 '농담이죠?'라는 뜻이 됩니다. kidding 다음에 me를 넣어 'You're kidding me!'라고 하면 '나를 놀리는 거지?'라는 의미가 됩니다.

이 밖에도 'You must be kidding!'이나 'No kidding!'도 같은 의미를 나타내는 관용구문으로 자주 쓰이므로 함께 기억하시기 바랍니다.

한편, 'joke'역시 동일한 의미로 쓸 수 있습니다. 명사로는 '농담', 그리고 동사로는 '농담을 하다, 놀리다'는 뜻이 있기 때문입니다. 'You're joking.'이나 'You must be joking.'이라고 하면 '농담이죠?', '놀리는 거지?'라는 의미가 됩니다.

상대방의 이야기가 믿을 수 없는 내용일 경우에는 'Unbelievable!'이나 'I can't believe it.'과 같이 말해서 '못 믿겠어요!'라고 표현하는 것도 하나의 방법입니다. 그리고 '그럴 리 없다!'고 단정적으로 'It can't be.'나 'It can't be true.'라고도 표현할 수 있습니다. 이 또한 함께 익혀두면 많은 도움이 될 것입니다.

G·R·O·C·E·R·Y

'lie'는 기독교권 국가에서는 금기 사항!

'lie'는 '의식적으로 하는 거짓말'을 가리킵니다. 이는 성경에서도 굳게 금하는 일종의 죄악이므로, 기독교권 나라에서는 금기 중 으뜸가는 사항입니다.

예를 들어, 미국 정가의 거물이 '거짓말'을 한 것이 폭로된다면, 이는 큰 사회 문제로 발전합니다. 우선 매스컴의 집중 포화를 받고, 다시 유권자 사이에서 극심한 반발이 일어나 그 거물의 정치 생명이 완전히 박탈되는 경우도 드물지 않습니다. 지난 1972년 공화당의 닉슨 대통령이 '민주당사 도청'에 대한 책임을 지고 결국 현직에서 도중 사임하게 된 'Watergate 사건'이 그 좋은 예라고 하겠습니다.

95 | '변변찮은 선물'이라면 하지도 마라?

Q : '변변찮은 겁니다만.' 어느 것이 올바른 표현일까요?
① This is a worthless thing.
② I hope you'll like it.

상대방에게 제법 귀한 선물을 할 때에도 동양권에서는 겸양지덕(謙讓之德)을 살려 '별것 아닙니다만, 변변찮은 겁니다만'과 같이 겸손한 표현을 사용합니다. 하지만, 이 표현을 그대로 영어로 옮기면 큰 잘못입니다.

This is a worthless thing.
변변찮은 겁니다만.

이런 말과 함께 정성을 다해 포장한 선물을 건네게 되면, 유감스럽게도 상대방은 기뻐하기는커녕 고맙다는 말조차 하지 않을 수 있습니다. 'worthless thing'으로는 '겸손한 마음' 대신 '가치없는 물건을 선물하는 무례함'만 상대방에게 전달하기 때문입니다. 같은 이치로, 'This is not so good.(이거 그다지 좋은 건 아닙니다.)'도 마찬가지의 결과를 낳게 됩니다.

I hope you'll like it.
변변찮은 겁니다만.

선물용 물품을 구입할 때에는 '상대방의 마음에 드는 것', 즉 '상대방이 좋아할 것'을 고르는 것이 상식입니다. 이와 같이 영어에서는 '상대방이 좋아하기를 바라는 마음'을 직접 표현합니다. 따라서, 선물을 할 때에는 'Here's something for you.(드릴 게 있어요.)'라고 말을 꺼낸 다음, 'I hope you'll like it.'이라고 마음을 표현하는 것이 자연스럽습니다. 한편, 상대방이 예전에 자신에게 뭔가 해 준 것에 대한 답례로 하는 선물이라면, 'This is a small token of my thanks.(이건 제가 드리는 작은 감사표시입니다.)'라고 이유를 밝히는 것이 더욱 바람직합니다.

Q : '비밀로 해줘.' 어느 것이 올바른 표현일까요?

① You'd better not tell anyone.

② Let's keep it quiet.

'had better ~'는 상대방에게 '~하는 것이 좋겠다.'라는 조언의 의미를 지니고 있지만, 경우에 따라서는 협박이나 경고를 나타낼 수도 있어 주의를 요합니다.

You'd better not tell anyone.
비밀로 해줘.

상대방에게 '비밀로 해달라.'는 뜻으로 이렇게 얘기를 하게 될 경우, '다른 사람한테 입만 뻥긋해도 큰일 날 줄 알아.'는 일종의 협박 같은 말로 들릴 수 있습니다.

Let's keep it quiet.
비밀로 해줘.

'우리 이건 비밀로 하자.'라고 상대방에 제안하는 식으로 말해야 문제가 없습니다. 뿐만 아니라, 상대방의 의견이나 주장에 대한 답변으로 'You'd better ~.'를 쓰게 되년, 관계에 따라 '~하년 큰일 난다.'라는 식의 협박이 될 수 있습니다. 예를 들어, '용서해주세요. 이번엔 꼭 ~할 테니까요.'라고 상대가 간청한 경우에, 'You'd better not.'이라고 답하면 '또다시 그러면 가만두지 않겠다.'라는 일종의 위협성 발언이 되고 마는 것입니다. 따라서, 손윗사람이나 직장 상사, 혹은 아주 격의가 없는 사람이 아니라면 이런 표현은 피하는 것이 좋습니다. 물론, 원칙적으로 'had better ~'는 특정된 상황에서 의견을 제시하는 데 사용되는 표현이긴 합니다. 그러나 'It's nearly midnight. We had better hurry.(거의 한밤중이야. 빨리 가는 게 좋겠어.)'와 같은 식으로, 오해를 피하기 위해 이유가 되는 상황을 앞에서 명확히 설명한 다음에 말하도록 해야 합니다.

97 | '돈'을 내고 빌릴 때만 'rent'를 써라!

Q : '네 자전거 한 시간만 빌려도 되겠니?' 어느 것이 올바른 표현일까요?

① Can I rent your bike for an hour?

② Can I borrow your bike for an hour?

어떤 물건을 빌릴 때에도 그 대가로 '돈'이 오가는 경우와 그렇지 않은 경우는 반드시 구분해서 표현해야 합니다. 그렇지 않으면 적지 않은 오해가 발생하게 됩니다.

Can I rent your bike for an hour?

네 자전거 한 시간만 **빌려도** 되겠니?

만일 급하게 자전거를 쓸 일이 생겨 원어민 친구에게 이렇게 물어보게 되면, 상대방은 순간 좋지 않은 표정을 지을 것입니다. 영어에서 'rent'는 '비용을 지불하고 빌리다.'라는 의미로 사용되는 동사입니다. 따라서, 위의 문장은 '한 시간 이용료를 지불할 테니 빌려달라.'라는 식으로 들릴 수밖에 없습니다.

참고로, 'rent'는 '집세'를 나타내는 명사로도 일상적으로 많이 사용됩니다.

Can I borrow your bike for an hour?

네 자전거 한 시간만 **빌려도** 되겠니?

친구 사이에 자전거를 한 시간 빌리면서 임대료를 지불한다는 것은 있을 수 없습니다. 따라서, 그냥 '빌릴' 때는 'borrow'를 써야 합니다. 이렇게 가까운 사이에 아무런 조건 없이 무엇을 빌릴 경우일지라도 어디서 무엇을 하기 위해 필요한지 간단하게라도 이유를 설명해 주는 것이 좋습니다.

참고로, 'bike'는 자전거를 가리킵니다. 'bicycle'을 간단하게 줄인 말이죠. 그리고 '오토바이'는 'motorcycle'이라고 합니다.

98 'meet' 때문에 헤어진 옛 애인과도 다시 사귄다?

Q : '그가 점심시간에 옛 여자친구를 우연히 만났대.' 어느 것이 올바른 표현일까요?

① He met his ex-girlfriend during lunchtime.
② He ran into his ex-girlfriend during lunchtime.

원래 전달하려는 내용을 상대방이 전혀 다르게 해석하게 되면, 회사 동료나 친구 사이에 엉뚱한 소문이 날 수 있습니다. 이번에는 직장 동료가 '점심시간에 예전에 헤어졌던 옛 애인을 우연히 만났어.' 라고 자신에게 한 말을 다른 동료에게 전달하는 경우를 예로 들어보겠습니다.

He met his ex-girlfriend during lunchtime.
그가 점심시간에 옛 여자친구를 **우연히 만났대**.

주인공인 그와 현재 사귀고 있는 애인이 같은 직장에 근무하고 있고, 또 이 말을 듣고 있는 사람이 수다쟁이라고 가정한다면, 이 말로 인해 틀림없이 엉뚱한 소문과 불미스러운 충돌이 일어날 것입니다. 이 말만으로도 '그가 옛 여자친구와 약속을 해서 만나 점심을 같이 먹었다.' 라고 해석될 수 있기 때문이죠. '동사 meet' 속에는 '우연히 만나다.' 라는 뜻도 있지만, 상황에 따라서 '미리 약속을 해서 만나다.' 라는 의미로도 자주 사용됩니다.

He ran into his ex-girlfriend during lunchtime.
그가 점심시간에 옛 여자친구를 **우연히 만났대**.

그가 점심 식사를 하는 도중에 우연히 옛 애인과 만난 경우라면, 'run into ~' 라는 표현을 써야 불필요한 오해를 피할 수 있습니다. 같은 의미로, 'happen to meet' 이라고 해도 '우연하게 만났다.' 라는 뜻을 정확히 전달하게 됩니다. 참고로, 헤어진 옛 애인이나 이혼한 배우자 등에는 '접두어 ex-' 를 사용하여 ex-girlfriend, ex-husband라고 표현합니다. 물론, 같은 이치로 '전직 대통령' 도 'ex-President' 라고 합니다.

99 ｜ '사무적인'인 것과 '건조한' 것은 별개!

Q : '그는 사무적이야.' 어느 것이 올바른 표현일까요?
① He is dry.
② He is businesslike.

자신의 업무와 개인 생활, 즉 공과 사를 엄격히 구분하다 보면, 공적인 활동 영역 내에서는 지나치게 '무미건조한' 사람처럼 비칠 수 있습니다. 그래서인지 간혹 이와 관련된 표현을 둘러싸고 오해가 빚어지곤 합니다.

He is dry.
그는 **사무적**이야.

이 문장에서 주어의 '사무적인' 성격을 설명하는 주격 보어로 사용된 'dry'는 Konglish에 해당합니다. 영어에서는 사람의 성격이나 기질, 또는 태도가 '무미건조한' 경우, 이를 'dry'로 표현하지 않습니다. 원어민의 입장에서 보면, '신체 자체가 건조한 사람'을 상상하게 될 뿐입니다.

He is businesslike.
그는 **사무적**이야.

'사무적이어서 무미건조한' 사람의 성격은 'businesslike'로 표현할 수 있습니다. '사무적인, 실제적인, 조직적인'의 의미를 전달하는 형용사입니다.
또한, 개인의 감정을 억제하는 사람을 묘사할 때에는 'She doesn't show her emotions.(그녀는 자기 감정을 보여주지 않아.)'라든지 'She is unemotional.(그녀는 감정에 좌우되지 않아.)'와 같은 표현을 흔히 사용합니다.

이 밖에도 'practical(실제적인)'이나 'indifferent(무관심한, 중립의)'와 같은 형용사들도 상황에 맞추어 쓸 수 있습니다.

한편, 성격이 '감상적이다.'라고 할 때에는 'sentimental'을 씁니다. 그리고 성격이 '다정하다.'라고 할 때에는 '감정으로 인해 쉽게 마음이 움직이다.'라는 의미로 'emotional'을 씁니다.

그러나, 이런 표현을 업무와 관련된 사람의 성격에 빗대어 쓰게 되면, '주관적인 감정과 기분에 따라 좌우되는 사람'처럼 표현될 수 있으므로 주의해야 합니다.

G·R·O·C·E·R·Y

세월에 따라 변하는 'cool'의 의미

미국 영화를 좋아하는 사람이면, 영화에 나오는 젊은이들이 'Cool!(멋져!)'이라는 말을 자주 하는 것을 여러 차례 보았을 것입니다.

하지만, 원래 영어의 'cool'은 '차갑고 서늘한' 기후를 나타내는 말로, 그 뜻이 '냉정하고 침착한' 사람의 성격을 가리키는 단어로 진화되었다가, 지금은 '훌륭하고 멋지다.'라는 의미로 널리 사용되고 있습니다.

언어는 '사회와 역사의 산물'인만큼, 앞으로 세월이 더 지나게 되면 'cool'의 의미가 다시 어떻게 변모될지 아무도 알 수 없습니다.

100 저를 '데리고' 결혼해 주세요?

Q : '저와 결혼해 주세요.' 어느 것이 올바른 표현일까요?
① Please, marry with me.
② Please, marry me.

언어와 문화의 장벽을 넘어 결혼을 하는 사람들이 요즘 적지 않습니다. 하지만, 이렇게 힘들게 넘은 장벽도 청혼 단계에서 잘못된 표현 한마디 때문에 물거품이 될 수도 있습니다.

Please, marry with me.
저와 결혼해 주세요.

영어의 'marry'는 전치사 없이 곧바로 목적어를 취하는 타동사입니다. 따라서, 이와 같은 청혼의 말을 들은 원어민의 입장에서는 '난 당신의 아이니까, 굳이 재혼하더라도 나를 데리고 결혼해 주세요.'라는 뜻으로 해석될 수밖에 없습니다.

Please, marry me.
저와 결혼해 주세요.

청혼할 때 가장 일반적으로 쓰는 말입니다. '당신과 결혼하고 싶어요.'는 'I want to marry you.'라고 합니다.

'marry'가 타동사로 굳어진 까닭은 간단합니다. 원래부터 아버지가 '딸을 ~와 결혼시키다.'라는 의미였기 때문에, 지금도 'Her father married her to Sam.(그녀의 아버지는 그녀를 샘과 결혼시켰어.)'라고 표현합니다. 반면, 수동태를 취할 경우, 'be married to ~'의 형식을 취해서 '~와 결혼했다.(결혼한 상태다.)'는 뜻을 나타냅니다. 물론, 이때에는 여성이 주어로 사용될 경우가 대부분이죠.

다만, 누가 '결혼했다.'라는 사실만 나타낼 때에는 'She married him.(그녀는 그와 결혼했어.)'처럼 여성도 얼마든지 주어가 될 수 있습니다.

이렇게 말하면 이성에게 '뺨' 까지 맞는다! ⣿

Q : '교제하는 사람이 있나요?' 어느 것이 올바른 표현일까요?
① Do you have intercourse with anyone?
② Are you seeing someone?

관심이 끌리는 원어민 이성이 있다면 어떻게 해야 할까요? 우선, 진지하게 교제하는 사람이 있는지 확인해 보는 게 순서가 아닐까요? 이때 반드시 주의해야 할 사항에 대해 살펴보겠습니다.

Do you have intercourse with anyone?
교제하는 사람이 있나요?

이런 표현을 원어민 여성에게 사용하게 되면 아마 '뺨 한 대'는 착실히 맞게 될 것입니다. '교제' 라는 뜻으로 'intercourse' 를 쓰지 않는 것은 아니지만, 지금은 일반적으로 '성교(性交)'를 나타내기 때문입니다. 게다가 '아무나' 를 뜻하는 'anyone' 까지 뒤에 붙었으니, 어쩌면 뺨 한 대로는 도저히 해결이 안 되는 모욕을 던지는 질문이 되는 것입니다.

Are you seeing someone?
교제하는 사람이 있나요?

'동사 see' 에도 '누구를 만나다.' 라는 뜻이 있습니다. 따라서, 위 문장을 직역하면 '만나는 사람이 있나요?' 가 됩니다. 애인이 있는지 물어볼 때 가장 흔히 사용되는 표현입니다. 상대방에게 '사귀어 달라.' 라고 보채는 것보다는 꾸준히 만나는 사람이 있는지, 또 상대방이 여러분에게 호감을 갖고 있는지 알아보는 것이 좋습니다. 한편, 처음 데이트를 신청할 때에는 'Would you like to go out to dinner with me?(같이 저녁 식사하러 갈래요?)' 와 같이 표현하는 것이 일반적입니다. 그리고 'go out with ~' 에도 '~와 사귀다.' 라는 의미가 있다는 점을 기억해 두세요. 아울러, 'He asked me out.' 이라고 하면, '그는 나에게 데이트를 신청했어.' 라는 표현이 됩니다. 'ask ~ out' 이 '~에게 데이트를 신청하다.' 라는 의미를 전달하기 때문입니다.

102 | '술'에 잔뜩 취하면 '물고기'가 된다?

Q : '그 술집을 나왔을 때, 그는 술이 떡이 되어 있었지.' 어느 것이 올바른 표현일까요?

① When we left the bar, he was drunk like a cake.

② When we left the bar, Jack was drunk like a fish.

동양과 서양은 음주 문화에서도 큰 차이가 있습니다.

예를 들어, 동양 사회에서는 얼마나 많은 술을 마셔 봤는지도 자랑거리가 될 수 있습니다.

하지만, 서양에서는 술에 취하는 것을 좋게 생각하지도 않고, 또 술을 양껏 취할 때까지 마시는 사람은 흔히 경멸의 대상이 됩니다.

When we left the bar, he was drunk like a cake.

그 술집을 나왔을 때, 그는 **술이 떡이 되어 있었지**.

'술에 만취하다.' 라는 뜻으로 흔히 사용되는 '술이 떡이 되다.' 라는 뉘앙스를 전달하고 싶어 이런 표현을 했겠지만, 원어민의 입장에서는 '술' 과는 아무런 관련성이 없는 cake이라는 단어가 갑자기 나와 의아하게 여길 것입니다.

When we left the bar, he was drunk like a fish.

그 술집을 나왔을 때, 그는 **술이 떡이 되어 있었지**.

영어에서는 관용적으로 '물고기처럼 취했다.'라는 표현을 사용합니다.

'drunk'는 형용사로써 '술에 취한, 무엇에 도취된'의 의미를 전달하며, 간혹 '취객'을 나타내는 명사로도 쓰입니다.

느닷없이 '물고기'를 비유의 대상으로 삼아 이상하게 생각할지도 모르겠습니다만, '동사형 drink'를 이용하여 'drink like a fish'라고 하면 '폭음하다.'라는 표현으로도 사용됩니다. 아마도, 물고기가 입을 벌리고 헤엄치는 모습이 물을 많이 마시는 것처럼 보이고, 또 술을 그만큼 마신다면 만취할 것이라는 연상 때문에 이런 표현이 생긴 것으로 추론됩니다.

참고로, 'drunk as a fiddler, drunk as a lord'라는 관용 구문도 마찬가지로 '만취한'이란 의미로 사용됩니다. 여기서 'fiddler'는 '바이올리니스트'라는 뜻으로, 그 옛날 연주의 대가를 술로 받았던 데서 유래한 표현입니다. 잘 아시다시피, 'lord'는 '귀족'입니다. 수세기 전, 귀족은 다른 집안의 초대를 받으면 만취할 때까지 마시는 것이 예의였기 때문에 이런 표현이 아직도 남아 있는 것이죠.

G·R·O·C·E·R·Y

'분홍색 코끼리'가 눈에 보인다면…

음주에 관련된 표현 가운데는 'see a pink elephant'라는 게 있습니다.

여기서 '분홍색 코끼리'가 상징하는 것은 '환각'입니다. '술을 너무 많이 마셔 현실에서는 존재하지 않는 분홍색 코끼리를 봤다', 즉 '환각을 볼 때까지 마셨다.'라는 뜻이죠.

하지만, 같은 코끼리를 이용한 표현이지만, 'white elephant'는 전혀 다른 의미를 지니고 있습니다. 피부가 흰색이라 손이 너무 많이 가서, 결국 귀찮아서 버렸다라는 고사(故事)에서 유래하여, '비용과 손만 많이 가는 귀찮은 존재'라는 의미로 쓰이는 표현입니다.

103 │ 'company man'은 '회사의 노예'!

Q: '회사원이세요?' 어느 것이 올바른 표현일까요?

① Are you a company man?

② Do you work for a company?

회사에 근무하는 사람을 두고 흔히 '회사원'이라는 표현을 씁니다. 이를 그대로 옮겨 영어 회화에서 사용하면 문제가 일어날 수 있습니다.

Are you a company man?
회사원이세요?

'company man'이라고 표현한 것은 말 그대로 '회사원', 즉 '회사를 위해 업무를 열심히 하는 사람'이라는 뜻에서이겠지만, 실제 회사원 생활을 하는 원어민의 입장에서 보면 매우 불쾌한 표현이 될 수 있습니다.

영어로 'company man'의 의미는 '노동조합의 입장에서 볼 때, 철저히 회사 및 경영진 편을 들거나 심지어 스파이 역할까지 자청하는 직원'이나, '아무 생각 없이 회사를 위해 노예처럼 일하는 존재'이기 때문이죠.

왜 이런 의미로 사용되는지 이해하기 위해서는 'company'에 관한 잘못된 개념부터 살펴보아야 합니다. 여러분은 종업원의 입장에서도 '우리 회사'라고 흔히 말하지만, 영어에서는 경영자가 아닌 일반 사원이 'my company'라는 표현을 하지 않습니다. 본인이 그 'company'를 경영하지 않기 때문이죠.

또, '회사에 가다.'라는 표현과 같이, 일하는 장소인 '회사'를 가리킬 경우에는 'office'라는 단어가 적절합니다. 이처럼 'company'가 회사의 건물이나 사무실을 가리키는 말이 아니라는 점을 다시 한번 인식해 두기 바랍니다.

Do you work for a company?

회사원이세요?

상대방이 회사원인지 물을 때 사용하는 가장 일반적인 표현입니다. 상대방의 직업을 구체적으로 묻고 싶을 때는 'May I ask you what you do?(뭘 하시는지 물어봐도 괜찮습니까?)' 라는 표현이 좋습니다.

다만, 처음 만나는 사람에게 많은 질문을 하는 것은 실례가 되므로, 본인의 직업을 먼저 소개하고 상대방이 스스로 말하는 식으로 대화의 흐름을 만들어 가는 것이 예의라는 점을 기억하세요.

참고로, '샐러리맨(salary man)'도 Konglish입니다. 두 단어를 붙여 'salaryman'이라고 해도, 또 'salaried man'이라고 해도 의미가 통하지 않기는 마찬가지입니다. 'salary'에는 그냥 '급여, 봉급'이라는 의미 외에는 없기 때문입니다.

자신이 '회사원'이라고 할 때는 'I work in an office.', 또는 'I'm an office worker.' 라고 하면 됩니다. 물론, 업종이나 직종을 구체적으로 말하면 더욱 훌륭한 자기소개가 되고, 더 많은 이야기를 나눌 수 있을 것입니다.

G·R·O·C·E·R·Y

그 옛날의 샐러리는 '소금'이었다?

'salary'는 오늘날 급여 생활자가 받는 '급여'를 말합니다. 일반적으로 월 단위 이상을 기준으로 계속 지급되는 '급여'를 말하는 반면, 시간당, 주당, 일당으로 지급되는 급여는 'wage'로 표현합니다.

'salary'의 어원은 라틴어로 '소금의 지급'을 뜻하던 'salarium'이랍니다. 옛날에는 소금이 종교와 깊은 관계가 있었을 뿐만 아니라, 아주 귀중한 존재였기 때문에 급여로 지급되기도 했던 것입니다.

그와 같은 의미를 살려 '소금'과 관련된 많은 표현이 아직도 사용되고 있습니다. 이를테면, 'earn one's salt.(식비를 벌다.)', 'worth one's salt.(급여에 맞는 일을 하다.)' 등 금전적인 보상과 관계된 표현이 아직도 남아 사용되고 있는 것입니다.

104 'sensible'과 'sensitive'는 구분해서 써라!

Q : '참 센스가 있으시네요.' 어느 것이 올바른 표현일까요?
① You're so sensitive.
② You're so sensible.

이번에는 매사 막힘 없이 요모조모 상황에 맞추어 일을 척척 처리하는 상대방을 '센스가 있다.'라고 칭찬하려다가, 오히려 큰 오해를 받게 되는 경우를 생각해 보겠습니다.

You're so sensitive.
참 센스가 있으시네요.

'형용사 sensitive'는 긍정적인 의미보다는 부정적인 의미로 주로 사용됩니다. 예컨대, '예민한, 신경질적인, 화를 잘 내는' 등의 의미로 사용됩니다. 더군다나 형용사의 의미를 강조하는 '부사 so'까지 앞에 나와 있어, 원어민의 입장에서는 '당신은 정말로 신경질 박사야.'라는 뜻으로 받아들일 수밖에 없는 것입니다.

You're so sensible.
참 센스가 있으시네요.

반면, '형용사 sensible'은 '분별 있는, 재치 있는, 센스 있는'과 같은 긍정적인 의미를 제대로 표현하는 단어입니다. 따라서, 흔히 말하는 '센스가 있다.'라는 뉘앙스를 그대로 영어로 옮겨낼 수 있는 것입니다.

참고로, 이와 어원이 동일한 형용사 'sensual'도 사용에 극히 주의해야 합니다. 만약, 'You're so sensual.'이라고 하면, '참 탐욕적이군요.', 또는 '참 색을 탐하는 군요.'와 같은 뜻이 되고 맙니다. 이쯤 되면, 원어민 상대방의 얼굴이 심하게 일그러지게 될 것은 자명한 이치입니다.

Q : '충분히 많이 들었어요.' 어느 것이 올바른 표현일까요?
① I've had enough of it.
② I'm fine, thank you.

이번에는 원어민 친구의 집에 초대를 받아 오랜만에 맛있는 저녁을 양껏 먹었는데도, 친구가 계속 다른 음식을 권하는 경우를 생각해 보겠습니다. 이럴 때엔 어떻게 답변을 해야 예의도 갖추면서 점잖게 거절할 수 있을까요?

I've had enough of it.
충분히 많이 들었어요.

이 말을 듣는 순간 원어민 친구의 얼굴이 일그러지기 시작할 것입니다. 이렇게 표현하게 되면, '충분히 먹었기 때문에 이젠 싫증이 났어.', '이제 그만해.' 와 같은 뉘앙스가 포함되어 있기 때문이죠.

I'm fine, thank you.
충분히 많이 들었어요.

혹, 이런 표현은 'How are you?' 에 대한 답변이 아닌가 물을지 모르겠습니다. 하지만, 식탁에서는 물론, 예컨대 거래처에서 누가 커피나 차를 마시겠느냐고 물어보는 경우에도 '괜찮습니다.' 라고 정중히 거절할 때 이와 같이 표현하면 무난합니다. 또, 친구와 식사를 할 때 '배가 부르다.' 라고 말하고 싶을 때는 'I'm full.' 과 같은 표현을 사용해도 좋습니다. 아주 가까운 사이라면 'I'm stuffed.' 라는 표현도 같은 의미로 쓸 수 있습니다.

106 '싸게' 샀다고 꼭 '싸구려'는 아니다!

Q : '정말 싸네.' 어느 것이 올바른 표현일까요?
① That's really cheap.
② That's really inexpensive.

쇼핑을 좋아하는 원어민 친구가 세일 때 싸게 구입한 원피스를 자랑하고 있는 장면을 떠올려 보세요. 분위기를 맞춰 주기 위해 '정말 값이 싸네.'라며 호응할 때에도 단어 하나를 잘못 쓰면 큰 오해를 불러일으킬 수 있습니다.

That's really cheap.
정말 **싸네**.

이 말 한마디에 원어민 친구는 그만 그 원피스를 바닥에 떨어뜨리면서 자기 방으로 들어가 버릴 수도 있습니다. '형용사 cheap'을 '값이 저렴한'이라는 뜻으로만 생각하기 쉽지만, 실제로는 '품질이 좋지 않아 값이 싼', 즉 '싸구려이기 때문에 값이 싼'이라는 뉘앙스를 담고 있습니다.

예를 들어, 드레스를 싸게 샀다고 자랑하는 상대방에게 칭찬의 말로 'Your dress looks cheap.'이라고 하면, '네 원피스는 싸구려 같아.'라는 의미가 되고 맙니다. 이런 모욕적인 말을 듣고 미소를 지을 원어민은 없겠죠?

That's really inexpensive.
정말 **싸네**.

그냥 품질이나 상표에 비해 '값이 저렴하다.'라고 표현할 때는 반드시 'inexpensive'를 쓰세요. 그 반대말인 'expensive'를 이용해서도 이와 동일한 의미를 강하게 표현할 수 있습니다. 예를 들어, 상대방이 물건을 정가보다 싸게 샀다고 자랑하고 있을 경우에는 'It looks very expensive.'라고 맞장구를 쳐서 '물건이 아주 비싸 보여.'라고 말하면 그야말로 칭찬의 말이 되죠.

한편, 가게에서 점원에게 '물건값이 좀 비싸다.'라고 말하고 싶으면, 'It's a little expensive for me.(저에겐 좀 비싸네요.)'라고 말하거나, 아니면 'My budget is 50 dollars.(제가 세웠던 예산은 50불인데요.)'라며 희망 가격을 구체적인 숫자로 표현할 수도 있습니다.

'좀 더 싼 건 없나요?'라고 물을 때에도 'cheap'의 비교급인 'cheaper'를 쓰지 않습니다. 대신에 'May I see less expensive one?'이라고 해야 품격이 유지될 수 있습니다. 재래식 시장이나 값을 깎을 수 있는 곳에서는 'Could you give me a discount?(할인해 주실 수 있나요?)'라고 요청하는 것이 좋습니다. 가격을 합의할 때는 'How about 50 dollars?(50달러면 어때요?)'라든지, 아니면 'I'll take it if you give me a 10 percent discount.(10%만 빼주시면 사겠어요.)'와 같이 구체적인 수치를 제시하면 원활하게 쇼핑할 수 있을 것입니다.

G·R·O·C·E·R·Y

'$ 기호'에 담겨 있는 역사

미국의 화폐 단위는 아시다시피 '$(dollar)'입니다. 원래는 S에 '두 선'이 들어 있는 '$'입니다. 이 통화 단위는 1784년도에 제3대 미국 대통령 토머스 제퍼슨(Thomas Jefferson)이 처음 세안한 것이라고 합니다. 달러의 기호 '$'에는 두 가지의 기원설이 있습니다. 첫 번째 설에 따르면, 달러의 S자는 초기 북아프리카 대륙을 발견한 스페인 사람들이 '스페인의 머리글자 S'에다가 지브롤터 해협에 서 있는 스페인의 상징, 즉 헤라클레스의 '두 기둥'을 넣어 만든 기호에서 유래했다고 합니다.

또 다른 기원설은, 미국의 독립 이전에 '1달러짜리 화폐'로 사용되던 멕시코 지방의 8리알짜리 스페인 은화를 '18'로 표시하던 것을 변형한 것이라는 주장도 있습니다.

참고로, 달러가 미국의 공식 화폐 단위로 제정된 것은 1792년부터라고 합니다.

한편, '달러(dollar)'라는 어휘의 기원은 16세기 유럽으로 거슬러 올라갑니다. 당시 유럽에서 사용된 은화는 보헤미아의 세인트요아힘스탈(요아힘의 골짜기) 지방에서 주로 주조되었는데, 이 은화의 명칭 '요아힘스탈러(Joachimsthaler)'를 축약한 명칭 '탈러(thaler)'가 변형되어 정착된 것이 바로 '달러(dollar)'라는 것입니다.

107 'foreigner' 속에 들어 있는 좋지 않은 뉘앙스

Q : '난 오늘 외국인을 만났어.' 어느 것이 올바른 표현일까요?

① I saw a foreigner today.

② I saw an American today.

외국인을 가리키는 'foreigner' 속에도 좋지 않은 뉘앙스가 포함되어 있어 주의를 요합니다. 이처럼 비영어권 국가에서 영어를 공부할 때는 각 단어가 지닌 뉘앙스까지 익히기가 결코 쉬운 일이 아닙니다.

I saw a foreigner today.
난 오늘 **외국인**을 만났어.

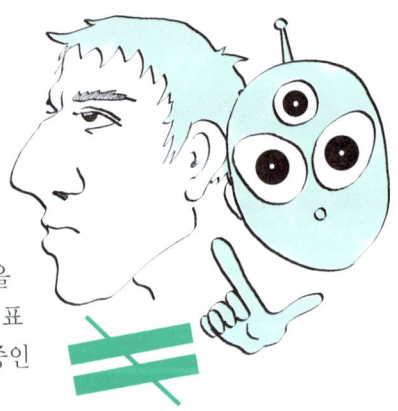

영어로 'foreigner' 는 '해외에서 온 사람'을 가리킵니다. 그런데 이런 말을 하고 나면 상대방 원어민의 기분이 별로 좋지 않게 됩니다. 'foreigner' 에는 '다른 곳에서 온 사람=우리와는 다른 사람' 이라는 뜻이 포함되어 있기 때문이죠.

특히, 해외여행 중에 그곳의 현지 주민을 'foreigner' 라고 말하는 것은 정말 잘못된 표현입니다. 현지 주민들이 아니라 해외여행 중인 여러분이 '외국인' 이 되기 때문이죠.

I saw an American today.
오늘 **미국인** 만났어.

이처럼 '외국인' 이라고 표현하는 것보다는 구체적으로 어느 나라에서 온 사람인지 말하는 것이 자연스럽습니다. '미국인 학생'이면 'American student', '영국인 교사'의 경우에는 'teacher from the UK'라고 표현하세요.

어떻게 표현해야 할지 잘 모를 때에는 'I met a lady today. She is American.(오늘 숙녀 한 분을 만났어. 그녀는 미국 사람이었지.)'라며 보충 설명하는 식으로 말하는 것도 한 가지 방법입니다.

실제로, '형용사 foreign'에는 '이질(異質)적인, 관계가 없는, 잘 모르는' 등의 부정적인 의미가 담겨 있어서, 'foreign matter'라고 하면 '불순물'을 나타낼 정도입니다.

같은 이치로, 이곳까지 와서 공부하는 외국 유학생을 두고 'foreign students'라고 지칭하면 당연히 문제가 있습니다. 그보다는 'oversea students'라는 보다 중립적인 표현을 쓰는 것이 바람직합니다.

G·R·O·C·E·R·Y

'foreigner'가 차별적인 까닭은?

동서양을 막론하고 영토의 침략과 점령, 그리고 탈환의 역사가 반복되어 왔음은 다 아는 사실입니다. 특히, 중세 및 근세의 서양 지도와 오늘날의 지도를 보면 알 수 있듯이, 서양의 역사는 자기 민족 중심적인 영토 확장과 분쟁의 역사를 점철해 왔습니다.

그래서일까요? 'foreigner'라는 말은 '우리와 다른 사람들', 즉 '이질적인 사람들'이라는 의미를 갖추게 되었습니다. 다시 말해, '종족과 문화, 그리고 언어가 다른 나라의 사람'이라는 뜻으로 굳어지게 된 것이죠. 그리고 오늘날에 이르러서도 이와 같은 '부정적인 뉘앙스'는 완전히 씻겨지지 않고 있습니다.

따라서, 외국인 개개인을 'foreigner'라는 말로 표현하게 되면, 서로의 '이질적인 요소'만을 강조하여 차별하는 셈이 되는 것입니다.

108 'know'와 'see'의 근본적인 차이는?

Q : '알겠어요.' 어느 것이 올바른 표현일까요?

① I know that.

② I see.

일상 대화 속에서 상대방의 얘기를 알아들었다는 뜻으로 맞장구를 치는 말을 자주 하곤 합니다. 하지만, 영어 회화에서는 정확히 뉘앙스를 살려 맞장구를 쳐야 합니다. 그렇지 않으면 간혹 심각한 오해가 빚어질 수 있습니다.

I know that.
알겠어요.

이렇게 맞장구를 치면, '그 얘긴 이미 알고 있어.'란 뜻이 되고 말기 때문에, 계속해서 이 말을 반복하게 되면 상대방은 자신의 이야기를 중간에 끝내게 될 것입니다.

또 한 가지, 상대방의 이야기 중간에 별다른 뜻 없이 '네, 네'하며 경청하는 자세를 취하는 언어 습관을 그대로 영어로 옮겨 'Yes.'란 말을 반복하는 것도 오해의 원인이 됩니다. 상대방의 얘기에 대한 전적인 동의를 의미하기 때문에, 혹 이야기가 끝난 후 반론을 제기하게 되면 심각한 오해를 불러일으킬 수도 있어 주의를 요합니다.

I see.
알겠어요.

'I know.'의 경우도 몇 번 반복하게 되면 상대방에게 불쾌함을 줄 수 있습니다. '잘 알고 있다.'라며 뻐기는 것처럼 보이기 때문입니다. 따라서, 'I see.'가 가장 무난한 말일 것입니다. 이밖에 상대방에게 교감을 나타내는 표현으로는 'I know how you feel.(마음을 이해합니다.)', 'I know what it's like.(어떤 건지 상상이 가네요.)' 등도 있습니다. 참고로, 원어민은 보통 상대방이 말을 끝낼 때까지 가만히 이야기를 듣습니다. 맞장구를 치는 시점은 상대방이 말을 잠시 섰다 더 이야기를 계속하는 경우 정도라는 점을 잘 기억해 두세요.

109 | 직선적인 질문은 손님에게 큰 실례!

Q : '더 필요한 건 없으세요?' 어느 것이 올바른 표현일까요?

① What else do you want?

② Is there anything else I can do for you?

가게에서 물건을 직접 파는 일이나 고객과 상담을 하는 분이라면 다음과 같은 직선적인 표현을 쓰지 않도록 주의를 해야 합니다.

What else do you want?
더 필요한 건 없으세요?

쇼핑이나 용무를 마친 손님에게 다가가 '더 필요한 건 없으세요?' 라는 뜻으로 이렇게 표현하게 되면 '또 필요한 게 있어?' 라며 예의 없이 몰아세우는 것과 마찬가지가 됩니다. 예를 들어, 손님이 가게에 처음 문을 열고 들어왔을 때 'May I help you?', 또는 'What can I do for you?' 라는 말을 건넨다는 것은 누구나 다 알고 있을 것입니다. 이럴 때에도 'What do you want?' 라고 한다면, '원하는 게 뭐죠?' 라고 말하는 것과 동일합니다. 하물며, 'else(그 밖의 다른)' 까지 집어넣어 쇼핑을 마친 손님에게 말을 건넨다면 어떻게 될까요?

Is there anything else I can do for you?
더 필요한 건 없으세요?

최소한 이렇게는 표현해야 깍듯하게 예의와 친절을 갖출 수 있습니다. 물론, 상황에 따라 'What else can I help you?' 라는 표현도 가능합니다. 다시 말해, 손님의 입장에서 '원하는 것' 이 무엇인지 직접 묻지 않고, 서비스를 하는 입장에서 '도와드릴 것' 이 무엇인지 묻는 자세가 중요한 것입니다.

110 | '힘내라!' 라는 말에 오히려 힘이 빠질 수도!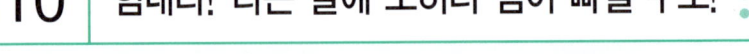

Q : '좀 더 힘을 내세요.' 어느 것이 올바른 표현일까요?
① Please, work harder.
② Hang in there!

직장에서는 마치 인사말처럼 '힘내라.' 라는 말을 쓰게 될 경우가 적지 않습니다. 하지만, 이런 표현도 아무 생각 없이 하게 되면 오해를 불러일으킬 수 있습니다.

Please, work harder.
좀 더 **힘을 내세요**.

원어민 부하 직원에게 힘을 주기 위해 이런 말을 하게 되면 100% 역효과를 가져옵니다. 실제 마음은 그렇지 않았더라도, 이런 표현은 상대방이 지금까지는 일을 열심히 하지 않았다는 뜻을 전제로 삼고 있기 때문입니다. '더 성실하게 근무하라', '더 열심히 일하라.' 라고 명령하는 말은 결코 상대방에게 힘이 될 수 없습니다. 오히려 이 말을 듣고 힘이 빠지고 말 것입니다.

Hang in there!
좀 더 **힘을 내세요**!

이럴 때는 'Hang in there!' 라는 표현을 써야 합니다. 원래 '거기에서 참다.' 라는 뜻으로, '본인의 자리에서 의욕을 잃지 않고 계속하다', '참고 힘내다.' 라는 뉘앙스를 담고 있습니다. 'Stay in there!' 역시 '그곳에서 끝까지 머물러라!' 는 의미로, 열심히 일하는 부하나 동료, 그리고 친구를 격려할 때 매우 적절한 표현입니다.
이와는 반대로, 'You've been doing a good job.(잘하고 있어.)' 와 같이 상대방을 인정하거나 칭찬하는 것도 훌륭한 격려의 방법이 될 수 있습니다.

상대방의 목소리가 잘 들리지 않는다면?

Q : '잘 안들리네요.' 어느 것이 올바른 표현일까요?
① I can't listen to what you're saying.
② I can't hear you.

전화로 상대방의 얘기를 듣는 것은 직접 만나서 듣는 것에 비해 훨씬 어렵고 피곤한 일입니다. 특히, 상대방의 목소리가 작거나 음질이 안 좋을 때에는 더욱 알아듣기가 어렵습니다. 이럴 땐 어떻게 해야 할까요?

I can't listen to what you're saying.
잘 안 들리네요.

상대방이 뭔가를 열심히 설명하고 있을 때, 이렇게 말하면 틀림없이 화를 내고 말 것입니다.

'동사 listen'은 들으려는 의지를 가지고 '경청하는' 행위를 가리킵니다. 따라서, 이 말은 '당신이 하고 있는 말은 경청할 수가 없어.', 즉 '당신이 하고 있는 말은 도무지 듣고 싶지 않아.' 라는 뜻으로 해석이 되는 것입니다.

I can't hear you.
잘 안 들리네요.

전화로 상대방의 목소리가 작아서 안 들릴 경우, '동사 hear'를 씁니다. 'hear'는 '귀에 들리다.' 라는 의미를 전달합니다. 다시 말해, 'listen'과는 달리, 들으려는 의지와는 무관하게 귀에 '들리는' 것을 가리킵니다.

참고로, '더 큰소리로 말해 달라.' 라고 부탁할 때에도 'Could you speak loudly?' 라고 하면 곤란합니다. '큰 소리를 질러 주시겠어요?' 라는 뜻이 되기 때문이죠, 이때에는 'Can you speak up?' 이라고 말하도록 하세요.

112 | 'OK' 하나면 만사형통일까?

Q : '좋은데요!' 어느 것이 올바른 표현일까요?
① It's OK!
② You look great!

이번에는 원어민 친구를 따라 쇼핑을 간 경우를 생각해보겠습니다. 자신의 맘에 드는 옷을 탈 의실에서 입고 나와 'How do I look?'이라고 상대방이 물어봤을 때 어떤 말을 하면 좋을까 요? '잘 어울린다, 멋있다.'라는 뜻을 전달하려다가 자칫 실수를 범하는 경우도 흔치 않아 주의 를 요합니다.

It's OK!
좋은데요!

'OK=좋다.'라는 등식 관계에 집착하여 이런 표현을 하는 경우도 흔히 일어날 수 있습니다. 하지만, 유감스럽게도 'It's OK.'는 '그저 그렇다, 큰 문제는 없다', 또는 '그 정도면 괜찮다.'라는 소극적인 동의를 나타낼 때 사용됩니다. 다시 말해, 옷이 '그냥 그저 그렇다.'라는 뜻으로 듣고 오히려 상대방의 표정이 어두워질 것입니다.

You look great!
좋은데요!

입고 나온 옷이 '멋지다.'라고 생각되면 이렇게 확실히 마음을 전달합시다. 영어에 는 사실 다소 과장된 표현도 흔히 사용합니다. 이는 비단 옷이나 외모를 칭찬할 때 로 국한되지 않습니다. 예를 들어, 식사를 대접해 준 사람에게 '음식이 맛이 있다.'

라고 말할 경우에도 'It's OK.'라고 하면, '맛이 그저 그렇다.'라는 의미로 들리게 될 것입니다.

또, 상대방이 자신의 작업 결과에 대해 물어보았을 때도 'It's OK.'라고 하면 '그냥 나쁘지는 않다.'라는 실망스러운 답변이 될 수도 있는 것입니다.

그렇다고 해서 지나친 과장을 해서 답변하라는 뜻은 아닙니다. 다만, 본인의 생각에 '아주 좋다.'고 판단이 되면, 'It's great.' 같은 명확한 표현을 폭넓게 사용할 필요가 있습니다. 친구끼리라면 줄여서 'Great!'이라고 표현해도 좋습니다.

같은 의미로, 상대방의 옷이나 차림새가 멋질 때에는 'wonderful'이나 'beautiful' 같은 형용사를 써도 좋고, 상대방의 업무 결과가 뛰어날 때에는 'excellent' 등을 사용해도 좋습니다.

이 밖에도 '좋다.'라는 뜻으로 'nice'를 자주 쓰는 사람이 있는데, 여기서 'nice'는 '그렇게 나쁘지 않다.'라는 뜻이라는 점에 주의하세요. 따라서, 'It's nice.'는 칭찬하는 말이 아닙니다.

이럴 때에는 'nice' 대신 'good'을 써서, 'It's good.', 또는 'It's really good.'과 같이 표현하는 것이 바람직합니다.

또한, 상황에 따라서는 'I like it.'이나 'I really like it.', 아니면 'I love it.'과 같은 표현도 좋습니다. '마음에 들어 흡족하다.'는 마음을 제대로 전달할 수 있습니다.

G·R·O·C·E·R·Y

OK의 유래

'OK'라는 말의 유래는 몇 가지가 있습니다. 그 하나는 미국에서 약 200년 전에 시작되었다는 주장입니다.

제8대 미국 대통령 마틴 밴 뷰런을 지원하던 단체인 'Old Kinderhook Club'의 약칭 'OK Club'이 기원이라는 설입니다. 'Old Kinderhook'은 뷰런의 출생지인 마을 이름 앞에 'old'를 붙인 그의 별명이었습니다.

또 한 가지 유력한 설이 있습니다. 철자를 제대로 몰랐던 제7대 잭슨 대통령이 'all correct'를 'Oll Korrect'로 쓰고, 발음도 그렇게 했다는 주장입니다.

113 │ 아무렇게나 '예쁘다.' 라고 칭찬하면 곤란하다!

Q: '당신은 앵두처럼 곱네요.' 어느 것이 올바른 표현일까요?
① You are so beautiful like a cherry.
② You're beautiful.

'앵두처럼 곱다.' 라는 표현을 다들 기억하리라 믿습니다. '잘 익은 앵두(cherry) 모양이나 빛깔처럼 얼굴이 예쁘다.' 라는 뜻이죠. 하지만, 상대방의 미모를 멋지게 표현하려고 이를 영어로 그대로 옮기게 되면 큰 실수를 범하게 됩니다.

You are so beautiful like a cherry.
당신은 **앵두처럼 곱네요**.

이렇게 표현하면 상대방의 '앵두처럼 고운 얼굴' 이 갑자기 시뻘게지면서 화를 벌컥 낼지도 모릅니다. 여기서 'cherry' 는 속어로 '처녀성', 혹은 '숫처녀의 상징물' 을 나타내기도 하기 때문입니다. 이와 같은 의미에서 'cherry boy' 라고 하면 '전혀 이성 경험이 없는 숫총각' 이라는 뜻으로 쓰이죠. 이처럼 경우에 따라 '성' 과 관련된 비속한 의미를 전달할 수도 있는 표현은 그 자체로서 상대방에게 모욕처럼

해석될 수 있기 때문에 가급적 사용하지 않는 게 좋습니다.

You're beautiful.
당신은 **앵두처럼 곱네요**.

역시 이런 표현이 가장 기본적이며, 또한 무난합니다. 한 가지 조심해야 할 점은 성숙한 여인을 가리킬 때 'girl' 이라는 단어는 부적절합니다. 'lady' 나 'woman' 을 사용하는 것이 좋습니다.

한편, beautiful이라는 형용사 대신 '미인(美人)' 을 뜻하는 명사 beauty를 써서, 'You're a radiant beauty.(당신은 눈부신 미인이네요.)' 와 같이 표현할 수도 있습니다. 또한, '멋지고 훌륭하다.' 라는 의미로 남녀 모두에게 'gorgeous' 라는 형용사를 쓸 수 있습니다. 예를 들어, 'I met a gorgeous woman on the subway.' 라고 하면, '지하철에서 기가 막힌 미인을 만났어.' 라는 뜻이 됩니다.

참고로, '예쁜 소녀' 를 뜻하는 'peach' 도 있지만, 성숙한 여인에게 이런 표현을 쓰게 되면 자칫 '성희롱' 등의 불미스러운 오해를 불러일으킬 위험이 있으니, 상대방의 상황과 뉘앙스에 맞게 쓰도록 하세요.

G·R·O·C·E·R·Y

좋은 의미와는 거리가 먼 '바나나'

'banana' 가 등장하는 비유적인 표현은 아마 없을 것입니다.

하지만, 어떤 이유에서인지 'banana' 는 그 자체로써 좋지 않은 의미로 사용되고 있습니다. 껍질은 노란색이지만, 껍질만 벗기면 하얀색이라는 뜻에서 '백인처럼 행동하는 동양인', 혹은 '백인 사회에 아첨하는 동양인' 과 같은 경멸적인 의미로 사용됩니다. 또한, 이와 비슷한 이유에서 '피부색이 그다지 검지 않은 흑인 여성' 을 뜻하기도 합니다.

또한, 'go bananas' 는 '미치다.' 라는 뜻으로, 'drive ~ bananas' 는 '~를 미치게 하다.' 라는 뜻으로 사용되기도 합니다.

114 │ '하고 싶은 말이 있다.'면 'tell'을 써라!

Q : '하고 싶은 얘기가 좀 있어요.' 어느 것이 올바른 표현일까요?
① I have something to say to you.
② I have something to tell you.

아주 쉬운 단어일지라도 올바르게 선택해서 쓰지 않으면, 전혀 상상하지도 못한 엉뚱한 뉘앙스를 상대방에게 전달할 수도 있습니다.

I have something to say to you.
하고 싶은 얘기가 좀 있어요.

바쁜 사람을 붙들고 '하고 싶은 얘기가 좀 있다.'며 말을 꺼낼 때, 이런 표현은 문제가 있습니다. 얼른 봐서는 아무런 문제가 없어 보이지만, 'say to you'라고 하면 상대방에 일방적으로 뭔가를 말하려는 것처럼 해석되기 때문이죠. 이처럼 '동사 say'에는 불만이나 명령, 혹은 주의 사항을 일방적으로 전달한다는 뉘앙스가 포함되어 있습니다.

I have something to tell you.
하고 싶은 얘기가 좀 있어요.

상대방에게 뭔가를 말하고 싶거나 이야기를 나누고 싶을 때에는 '동사 tell'을 써서 이렇게 표현하는 것이 적절합니다. 이 밖에도 'I'd like to talk to you about something.'이라고 해도 좋습니다.

여기서 'something'은 영어다운 표현을 할 때 많은 도움이 됩니다. 'I have something to give you.'는 '뭘 줄 게 있어요.'가 됩니다. 'Would you like something to drink?(마실 거 좀 드릴까요?)'는 누구나 잘 아는 표현이죠.

아울러, something to read(뭔가 읽을거리), something like that(그것과 비슷한 것) 같은 표현도 함께 기억해 두세요.

172

불필요한 말로 오해를 사지 말자!

Q : '올 거니, 안 올 거니?' 어느 것이 올바른 표현일까요?

① Are you coming or not?

② Are you coming?

말이 모자라 오해를 사게 될 수도 있지만, 그 반대로 필요 없는 말을 해서 의도와는 전혀 다른 뉘앙스를 전달하게 되는 경우도 적지 않습니다. 예를 들어, 친구에게 어디를 같이 가자고 재촉할 때에도 주의가 필요합니다.

Are you coming or not?
올 거니, 안 올 거니?

상대방의 구체적인 의사를 확인하기 위해 이런 표현을 사용했다고 가정해 보겠습니다. 'or not'을 뒤에 붙이면 상대방의 의견을 정중하게 묻는 말이 될 것 같지만, 오히려 '올 건지 안 올 건지, 빨리 말해.'라며 상대방을 몰아세우는 뉘앙스를 전달하게 됩니다. 따라서, 상대방의 의견을 존중하겠다는 마음은커녕, 좋지 않은 인상만 남기게 되겠죠.

Are you coming?
올 거니, 안 올 거니?

'or not'이라는 불필요한 말은 빼고 이렇게 말하는 것이 적절합니다. 또 다른 예를 들자면, 쇼핑을 가서 원어민 친구가 어떤 물품을 살까 말까 망설이고 있을 때, 'Are you buying it or not?'이라고 말해서도 안 됩니다. '살지 말지, 빨리 결정해.'라고 말하는 것과 다름이 없기 때문입니다. 이렇게 몰아세우다가 오해를 넘어서서 자칫 싸움으로 발전할 수도 있으니 주의하세요.

116 '볼링'이 '재미없는' 스포츠라고?

Q : '어제 볼링을 쳤다고 들었어.' 어느 것이 올바른 표현일까요?
① I heard you had boring games yesterday.
② I heard you went bowling yesterday.

'볼링(bowling)'은 이제 누구든지 재미있게 즐기는 국제 스포츠로 널리 보급되어 있습니다. 아마, 여러분 중에도 '볼링'을 즐기는 분들이 많이 계실 겁니다.

I heard you had boring games yesterday.
어제 **볼링**을 쳤다고 들었어.

평소 '[r] 발음'은 신경 쓰는 반면, '[l] 발음'을 신경 쓰는 경우는 드뭅니다. 그러다 보니 '볼링(bowling)'을 '보링(boring)'으로 발음하는 경우가 있습니다. 이렇게 발음하게 되면, '볼링 게임'이 일순간에 'boring game', 즉 '재미없는 시합'이 되기 때문에 주의를 요합니다.

I heard you went bowling yesterday.
어제 **볼링**을 쳤다고 들었어.

'볼링을 치다.'라는 뜻을 나타내는 '동사 bowl'을 써서 'go bowling'이라고 하면 '볼링장에 가다, 볼링을 치다.'라는 의미를 전달하게 됩니다.
'볼링을 하는 사람'은 'bowler'이고, '볼링장'은 일반적으로 'bowling alley'라고 표현합니다. 참고로, 구멍을 뚫는 '천공 작업'이라는 명사도 'boring'이라고 합니다. 따라서, '형용사 boring(지루한)'과 동음이의어에 해당합니다.

친구를 '지각 대장' 으로 몰아서야!

Q : '기다리고 있을게요.' 어느 것이 올바른 표현일까요?
① I'll be waiting for you.
② I'll see you then.

약속과 관련하여 자칫 잘못 표현하면 멀쩡한 친구를 '지각 대장' 으로 몰아세울 수도 있습니다. 과연 어떤 경우일까요?

I'll be waiting for you.
기다리고 있을게요.

상대방과 약속을 하고 난 다음, '꼭 약속시간 내에 가겠다.' 라는 뜻으로, 아니면 그 만큼 '그 약속을 기대하고 있다.' 라는 마음을 담아 이렇게 표현하는 경우가 있습니다. 하지만, 이런 표현은 곤란합니다. '넌 늘 약속 시간에 늦으니까 이번에도 내가 널 기다리고 있을 게.' 라며, 마치 상대방을 '지각 대장' 으로 몰아세우는 듯한 뉘앙스를 담고 있기 때문입니다.

다시 말해, 이 표현은 상대방이 혹 약속에 늦을지도 모르겠다고 연락을 했을 때, 그냥 '기다리고 있겠다.' 라고 답변할 때에만 적합하다는 점을 잘 기억해 두세요.

I'll see you then.
기다리고 있을게요.

'자, 그때 만나죠.' 라는 식으로 표현을 바꿔야 합니다. 굳이 '다시 만나 뵐 것을 기대하고 있겠습니다.' 라고 말하고 싶으면, 'I'm looking forward to seeing you again.' 이라는 표현을 활용하는 것도 한 가지 방법입니다. 이때 전치사 to의 뒤에는 반드시 명사나 동명사가 와야 한다는 점을 꼭 기억해 두세요.

118 | 자칫 '건방'을 자초하는 'be supposed to'! ••••

Q : '그 파티에선 재킷과 넥타이를 착용하셔야 돼요.' 어느 것이 올바른 표현일까요?
① You are supposed to wear a jacket and tie at the party.
② You need a jacket and tie at the party.

'~하게 되어 있다.'를 나타내는 관용어는 'be supposed to ~'입니다. 예를 들어, 'He is supposed to be here by 10.'은 '그는 10시까지 여기에 오게 되어 있어.'라는 뜻이 되죠.

You are supposed to wear a jacket and tie at the party.
그 파티에선 재킷과 넥타이를 **착용하셔야 돼요**.

이렇게 표현해야 부드럽게 상대방에게 요청할 수 있다고 생각하면 큰 잘못입니다. 이 문장은 손위 사람이 손아래 사람에게 '재킷과 넥타이를 꼭 입고와야 해. 알겠어?'라고 말하는 것과 마찬가지입니다. 'be supposed to ~'는 원칙적으로 의무나 습관과 관련된 행위를 요청할 때 쓰이는 표현이라는 점을 항상 기억해 두세요.

You need a jacket and tie at the party.
그 파티에선 재킷과 넥타이를 **착용하셔야 돼요**.

재킷과 넥타이가 필요하다고 말할 때는 이런 표현으로 충분합니다. 'Jacket and ties are requested for men.(남성의 경우 재킷과 넥타이를 착용해야 해요.)'과 같은 표현도 가능합니다. 참고로, 'be supposed to ~'의 부정 구문은 '~하면 안 된다.'라는 의미의 '금지 사항'을 부드럽게 표현할 때 아주 편리한 표현입니다. 예를 들어, 'You are not supposed to eat here.'는 '여기서 음식을 먹지 마세요.'라는 뜻이 됩니다.

5

Chapter 5 | 인격까지 오해받는 표현만큼은 피하라!

119 '호텔 프런트'에서 만나는 것을 피하라! :::

Q : '프런트에서 만나죠.' 어느 것이 올바른 표현일까요?

① I'll meet you at the front.

② I'll meet you in the lobby.

업무상 출장이나 관광 때문에 미국에 체류하고 있을 때, 누군가가 호텔까지 오겠다는 전화가 걸려온 경우를 가상해 보겠습니다. 이때 조심해야 할 것은 만날 장소에 관련된 표현입니다.

I'll meet you at the front.

프런트에서 만나죠.

호텔에서 만날 약속을 할 때, 흔히 만남의 장소가 되는 곳이 바로 호텔의 '프런트'입니다. 하지만, 이 '프런트'는 원래 'front desk'를 임의로 줄인 것으로, 영어에서는 사용되지 않는 표현입니다. 따라서, 'at the front(프런트에서)' 라고 말하게 되면, 원어민의 입장에서는 'in front of the hotel(호텔 정문에서)'로 받아들이기 쉬워, 그 호텔의 입구, 즉 호텔 앞에서 기다릴 가능성이 큽니다. 결국, 약속 시간에 서로 다른 장소에서 기다리게 되어, 호텔까지 방문하는 호의를 베풀려던 친구의 기분은 엉망이 되고 말 것입니다.

I am not a bellboy!!

I'll meet you in the lobby.

프런트에서 만나죠.

일반적으로 미국인이 '만남의 장소'로 이용하는 곳은 프런트와 거리도 가깝고 소파가 있어 앉아 기다릴 수 있는 '로비(lobby)'입니다. 호텔에서 만날 약속이 있을 경우, 프런트 대신 로비를 지정하는 게 좋습니다.

또한, 호텔의 '프런트'를 지칭할 때, 'front desk'보다는 'reception desk'나 'reception'이라고 하는 것이 일반적입니다. 'reception'은 '회사 안내 데스크'나 '환영회'라는 뜻도 있으며, '받다, 환영하다.'라는 의미를 가진 receive의 명사형입니다.

그리고 '호텔 정문 앞에서 만납시다.'라고 장소를 구체적으로 지정할 때는 'I'll meet you in front of the hotel.'이라고 말합니다.

참고로, 'I'll meet you in front.'는 '앞에서 만납시다.'라는 뜻입니다. 'out front'도 '밖에서, 앞에서'라는 뜻이 있다는 점도 함께 익혀 두세요. 아울러, 'front'는 '군대의 선두, 전쟁터, 전선'과 같은 의미가 있다는 점도 기억해 두세요. 따라서, 'He went to the front.'는 '그는 전선으로 갔어.'라는 의미가 됩니다.

G·R·O·C·E·R·Y

호텔에서 '보이'라는 호칭은 taboo!!

호텔에서 짐을 나르는 직원을 흔히 '보이'라고 하지만, 영어로는 절대 'boy'라는 호칭을 써서는 안 됩니다. 예전에는 'bellboy'라는 말이 있었는데, 최근 들어 'porter', 또는 'bellhop'이라는 명칭이 일반적입니다. 레스토랑에서도 마찬가지로 'boy'가 아니라 'waiter'라고 부르세요.

일반적으로 'boy'는 '소년'을 나타내는 말이기 때문에 어른에 대해 쓰면 안 됩니다. 게다가 'boy'라는 말에는 끊임없이 차별을 받아온 아프리카 흑인 남성들이 독립적인 존재로서 인정받지 못하고 이른바 'boy' 취급을 받아온 역사가 있기에 악명 높은 인종 차별 용어의 일면도 지니고 있습니다.

120 'delicate'와 'subtle'의 미묘한 차이는?

Q : '그 문제는 아주 미묘해.' 어느 것이 올바른 표현일까요?
① The problem is very subtle.
② It's a delicate matter.

'미묘하다.' 라는 말도 영어로 잘못 옮기면 적지 않은 오해와 마찰을 불러일으킬 수 있어 주의를 요합니다.

The problem is very subtle.
그 문제는 아주 미묘해.

'미묘하다.' 라고 하면, 영어를 상당히 잘하는 분들도 '형용사 subtle' 부터 떠올리기 쉽습니다. 하지만, '미묘하다=subtle' 이라는 등식 관계에 매달려 단순히 외우게 되면 이런 잘못을 범하게 됩니다.

예를 들어, '미묘한 차이' 는 'subtle difference' 라고 표현하는 게 맞습니다. 이처럼 'subtle' 은 '자각하기 어려울 정도로 미약한' 이라는 뉘앙스가 있습니다. 따라서, '미묘한 문제' 는 '미약한 문제' 가 아니기 때문에 위의 문장처럼 표현하면 전혀 엉뚱한 뜻이 됩니다.

It's a delicate matter.
그 문제는 아주 미묘해.

다루기 어렵고 신중하게 처리해야 할 문제는 'delicate' 을 이용하여 이렇게 표현하세요. 'delicate' 는 섬세하여 쉽게 상처받는 사람의 성격뿐만 아니라, 물건이 쉽게 깨질 경우, 그리고 이번처럼 문제가 미묘하고 처리하기 어려운 것을 나타낼 때도 쓰이는 단어입니다.

이 밖에도 'touchy' 나 'sensitive' 같은 형용사도 문제가 미묘하고 처리하기 어렵다는 표현으로 사용할 수 있습니다.

121 | 그래서 어떻게 됐어요?

Q : '그래서 어떻게 됐어요?' 어느 것이 올바른 표현일까요?
① So what?
② Then, what happened?

이야기를 재미있게 이끄는 사람들은 본격적인 내용을 말하기에 앞서 잠깐 호흡을 자르면서 듣고 있는 주변 사람들의 호기심을 증폭시킵니다. 그럴 때, 마음이 급해 빨리 듣고 싶은 사람은 '그래서 어떻게 됐어요?' 라는 말을 하게 됩니다.

So what?
그래서 어떻게 됐어요?

이런 말을 하면 그때까지 주변에 감돌던 흥분은 완전히 사라질 것입니다. 이야기를 하는 사람 역시 기분이 상해 입을 다물게 될 것입니다. 이렇게 표현하면 '그래서 어떻게 됐어요?' 란 의미가 전혀 전달되지 않기 때문입니다. 'So what?' 은 '그래서 어쨌다는 거냐?' 이며 상대방을 무시하고 따지는 표현으로 들리게 된다는 것에 주의하세요.

Then, what happened?
그래서 어떻게 됐어요?

'그래서 그 다음에 어떤 일이 일어났어요?' 라고 물을 경우, 기대감을 표시하면서 이렇게 말하면 됩니다. 'What happened next?' 도 이와 동일한 의미를 전달합니다. 또한, 상대방이 자신의 체험담을 얘기하고 있을 경우, 'What did you tell him?(그 사람한테 뭐라고 말했어요?)' 라든지, 'Where did you find her?(그녀를 어디서 찾았어요?)' 와 같이 질문하는 것도 좋습니다. 물론, 이런 표현들은 이야기를 잘하는 사람뿐만 아니라, 입이 무거워 좀처럼 내용을 잘 털어놓지 않는 사람에게도 쓸 수 있는 표현입니다.

122 | '방귀'로 달리는 자동차는 없다!

Q : '기름 있죠?' 어느 것이 올바른 표현일까요?

① Do you have gas?

② How much gas do you have left?

미국은 드넓기 때문에 자동차 주행 시 기름을 가득 채우지 않으면 낭패를 당할 가능성이 큽니다. 수백 마일이 떨어진 마을과 마을 사이에는 주유소가 없기 때문이죠.

Do you have gas?
기름 **있죠**?

자동차 기름은 'gas'가 맞습니다. 휘발유를 뜻하는 'gasoline'
의 줄임말이죠. 그렇지만 핸들을 잡은 채 이
말을 들은 미국인 친구는 금세 이상한 표정
을 지을 것입니다. '~이 있습니까?'라고
물을 때는 'Do you have ~?'라고 하는
것은 누구나 아는 사항인데도 말입니다. 하
지만, 적어도 이번 경우에는 전혀 적절한 표
현이 아닙니다. 물론, 전달하려는 의미를 이해
해 줄 원어민도 있겠지만, 대개는 전혀 다른 종류
의 'gas'를 상상하며 불쾌하게 여길 것입니다.
왜냐하면, 이 말은 '당신 방귀 뀌었어요?'라고 해석될
수 있기 때문이죠. 병원에서 수술을 받은 환자에게 간호사가 가스가 나왔는
지 묻는 말이 바로 'Do you have gas?'입니다.

How much gas do you have left?
기름 **있죠**?

이렇게 물어야 '기름은 어느 정도 남아 있어요?' 라고 묻는 자연스러운 표현이 됩니다. 남아 있는 기름의 양이 부족하지 않은지 확인할 경우는, 'Is there any gas left?(아직 기름은 남아 있어요?)' 라는 표현도 쓸 수 있죠.

또한, 기름이 떨어질 것 같은 상황은 'be running out of gas' 로 표현합니다. 예를 들어, 'Are we running out of gas?' 는 '우리 차 기름이 떨어질 것 같아요?' 라는 뜻이 됩니다.

'주유소' 는 'gas station' 이라고 합니다. '가까운 주유소가 어디예요?' 는 'Where is the nearest gas station?' 입니다.

주유소는 대개 '셀프 서비스' 방식이 일반적입니다. 이 표현은 영어로도 'self-service' 라고 합니다.

반면, 점원이 기름을 대신 넣어 주는 시스템은 'full-service' 라고 합니다. '고급 휘발유를 가득 채워 주세요.' 라고 말할 때는 'Fill it up with premium, please.' 라고 하면 됩니다.

참고로, 영국에서는 '휘발유'를 'petrol' 이라고 하며, '주유소' 는 보통 'filling station', 또는 'petrol station' 이라고 부릅니다.

G·R·O·C·E·R·Y

'역' 이 아닌 'station' 도 많다!

'주유소'를 'gas station', 또는 'petrol station' 이라고 한다 해서, '기름을 파는 역' 을 생각하는 사람도 있을지 모릅니다.

하지만, 'station' 이 반드시 '철도의 역'을 가리키는 것은 아닙니다. 특별한 업무를 위한 설비를 완비한 곳, 또는 그런 사무소나 부서 등을 가리키는 단어이기도 합니다.

비슷한 예를 들어보면 쉽게 이해할 수 있습니다. '경찰서'를 'police station' 이라고 하죠? 같은 이치로, '소방서' 는 'fire station' 이라고 하며, '발전소' 도 'power station' 이라고 합니다.

123 '제약회사 직원'이 '마약 밀매인'이라고?

Q : '의약품을 다루고 있어요.' 어느 것이 올바른 표현일까요?
① I'm dealing drugs.
② I sell medicine.

직업을 이야기할 때에는 막연하게 '샐러리맨(회사원)'이라고 말하는 대신 업종이나 직종을 구체적으로 이야기하는 것이 바람직하다는 점은 이미 앞에서 지적한 바 있습니다. 특히, 제약회사에서 영업직을 맡고 있는 사람은 다음 표현에 조심하세요.

I'm dealing drugs.
의약품을 다루고 있어요.

이렇게 말하면 '마약을 다루고 있다.'라고 오해받을 것입니다. 'drug' 역시 '약'을 가리키는 단어이긴 하지만, '마약', 또는 '각성제'를 의미하는 경우가 많으니 조심하세요. 그래서 'drug dealer'라고 하면 '의약품 다루는 사람'이 아니라, '마약 밀매인'이라는 뜻이 됩니다. 또한, 'drug addict'는 '마약중독자', 'drug abuse'는 '약물의 남용[중독]'이라는 의미가 됩니다.

I sell medicine.
의약품을 다루고 있어요.

직역하면 '저는 약을 팔고 있습니다.'가 됩니다. 'medicine' 대신 'medical supplies(의약품)'이라는 말로 표현해도 좋습니다.

참고로, '약국'은 미국에서는 'drugstore'라는 단어로 표현합니다. 간단한 의약품은 물론, 화장품이나 문구류 등 각종 잡화를 파는 가게를 말하며, 약의 처방을 주업무로 하는 규모가 작은 '약국'은 보통 'pharmacy'라고 하죠.

반면, 영국에서는 '약국'을 'chemist', 또는 'chemist's shop'으로 표현합니다.

Q: '고생 많으십니다.' 어느 것이 올바른 표현일까요?
① You must be tired.
② How's everything?

여러분은 흔히 상대방에게 '고생[수고] 많으십니다, 고생[수고]하셨습니다.' 와 같은 말을 인사 대신 자주 합니다. 하지만, 이 표현도 영어로 그냥 옮기면 동료를 불쾌하게 할 수 있으니 주의 하기 바랍니다.

You must be tired.
고생 많으십니다.

한참 일에 열중하고 있는 미국인 동료에게 '고생 많으십니다.' 라는 말을 이렇게 영 어로 옮겨 인사 대신에 하게 되면 상대방은 어떻게 생각할까요? 얼굴을 보자마자 '아주 피곤해 보여요.' 라는 말을 들었다고 상상해보세요. 물론, 그렇게 보이는 것이 야말로 일을 열심히 한 증거라고 생각하는 사람도 간혹 있겠지만, 대부분의 사람들 은 '내가 그렇게 피곤해 보일까?' 하며 속으로 걱정할 것입니다. 더구나 피곤한 모습 을 안 보여주려고 노력하는 경향이 있는 미국인들에게는 이런 표현은 좋지 않습니 다. 활동적으로 일하면서 늘 미소를 잊지 않는 것이 유능한 인재의 조건이라고 생각 하기 때문입니다.

How's everything?
고생 많으십니다.

평소의 언어 습관에서 벗어나, 이렇게 말을 건네면 서로 즐겁게 인사를 나눌 수 있 을 것입니다. 그리고 과도한 업무를 맡고 있는 상대방에게 '피곤하시죠?' 라고 위로 할 경우에도, 갑자기 'You must be tired.' 라고 하지 말고, 우선 업무 성과를 칭찬 하거나 상대방의 노력을 인정하는 말로 회화를 시작하는 것이 자연스럽습니다.

125 │ '부끄러움'에도 '종류'가 있다?

Q : '그는 자신의 노래를 부끄러워했어.' 어느 것이 올바른 표현일까요?
① He was ashamed of his singing.
② He said that he was embarrassed when he had to sing.

'부끄럽다.'라는 말은 약간 쑥스러울 때에 쓰일 뿐만 아니라, 남을 대하기가 떳떳하지 못한 상황을 표현할 때도 쓰입니다.
따라서, 이를 영어로 옮길 때는 그 부끄러움의 종류를 구별해야 합니다. 예를 들어, 노래방에서 노래 부르기를 부끄러워하는 동료에 관한 이야기를 나누고 있다고 생각해 보세요.

He was ashamed of his singing.
그는 자신의 노래를 **부끄러워했어**.

이 문장은 마치 '그는 너무 노래를 못 해서, 이를 명예에 관한 문제라고 여겨 부끄러워하고 있었다.'라는 뉘앙스가 됩니다. 'be ashamed of'는 도덕적으로 좋지 않은 행위나 명예를 손상시키는 큰 실수를 범한 경우에 쓰는 말입니다.
다시 말해, 쑥스럽고 멋쩍을 때가 아니라, 아주 큰 '치욕(恥辱)'이라고 인식할 때에 사용하는 표현입니다.
따라서, 위와 같은 문장은 그가 노래를 못하는 것을 '치욕'으로 여기는 것을 여러분이 인정하는 듯한 뉘앙스가 담겨 있기 때문에, 이 말을 듣는 사람의 입장에서는 아주 기분 나쁘게 생각할 것입니다.

He said that he was embarrassed when he had to sing.

그는 자신의 노래를 **부끄러워했어**.

이렇게 말해야 '그는 노래를 해야 할 때 쑥스러웠다고 했어요.' 라는 뜻을 제대로 전달할 수 있습니다. '동사 embarrass' 는 사람을 곤혹스럽고 당황하게 한다는 뜻으로 사용되며, 흔히 'be embarrassed' 와 같이 수동태로 표현합니다. '사람이 보는 앞에서 ~하는 것이 쑥스럽다', 또는 작은 실수를 해서 '부끄럽다, 창피하다.' 라는 의미를 전달합니다.

이때, be 동사 대신 'feel' 을 이용하여 'I feel embarrassed.(창피했어.)' 와 같이 표현하기도 합니다.

한편, 어떤 일이나 상황에 대해 'It was embarrassing.' 이라고 하면, '그것이 창피스러웠다.' 라는 의미가 됩니다. 누군가가 자신을 창피하게 하였을 경우, 'My mother embarrassed me by kissing me in front of my friends.(엄마가 친구 앞에서 나에게 뽀뽀를 해서 창피했어.)' 와 같이 능동태로 표현할 수도 있습니다.

참고로, '수줍음을 잘 타는 사람' 을 표현할 때에는 'embarrass' 를 사용하면 곤란합니다. 수줍음을 타게 되는 원인이 어떤 일이든 상황이 아니라 성격이기 때문이죠. 'He is shy.(그는 수줍을 잘 타.)' 와 같이 흔히 '형용사 shy' 로 표현합니다.

G·R·O·C·E·R·Y

shame이 항상 '치욕'을 뜻하는 건 아니다.

'부끄럽다' 는 의미를 전달하는 형용사 'ashamed' 의 원형은 'shame' 입니다. '부끄러움, 치욕' 등을 나타내는 명사로도 사용되고, 'Shame on you!(부끄러운 줄 알아!)' 에서와 같이 동사로도 흔히 사용됩니다. 주로 도덕적으로 좋지 않은 행동을 했을 경우, 경멸을 담은 비난의 말로 쓰입니다.

하지만, 'shame=치욕' 으로만 알고 있으면, 누가 'It's a shame.' 이라고 할 때 깜짝 놀랄 것입니다. 'It's a shame.' 은 '그것은 치욕이다.' 가 아니라 '그거 안타깝다.' 라는 뜻입니다. 이처럼 'shame' 은 명사로서 '안타까운 일' 을 의미할 때도 있다는 점을 잘 기억해 두세요.

126 | '친하다.' 라는 말도 때와 장소를 가려라!

Q : '우린 아주 가까운 친구 사이죠.' 어느 것이 올바른 표현일까요?
① We're very intimate friends.
② We're very close friends.

상대방과 짧은 시간 내에 가까워졌을 때일수록 표현에 주의를 해야 합니다. 자칫 잘못하면 '공든탑'이 한꺼번에 무너져 내릴 수도 있기 때문이죠.

We're very intimate friends.

우린 아주 가까운 친구 사이죠.

다른 사람에게 두 사람의 관계를 이렇게 표현한다면, 그동안 가깝게 지냈던 원어민의 얼굴이 갑자기 시뻘겋게 달아오르는 것은 물론, 나아가 '인격 파탄 자'라는 비난까지 받게 될 수도 있습니다. 사람의 관계를 나타낼 때, '형용사 intimate'은 단순히 가까운 정도가 아니라 '성적인 관계를 가질 정도로 친하다.'라는 의미를 내포하게 됩니다. 따라서, 아무 선입견 없이 가깝게 지내왔던 원어민의 입장에서는 이를 모욕적으로 받아들이는 건 당연합니다.

We're very close friends.

우린 아주 가까운 친구 사이죠.

일반적으로 '친하다.'라고 할 때에는 'close', 또는 'friendly'를 써야 합니다.
또한, 'We have a very close friendship.(우린 절친한 사이에요.)'라든지, 'We're very close.(우린 아주 친하죠.)' 같은 표현도 자주 사용됩니다.
참고로, 'She's my girlfriend.'나 'He is my boyfriend.' 같은 표현도 조심해야 합니다. 단순한 '이성 친구'가 아니라, 서로 육체적으로도 깊이 사귀는 '연인'을 나타내기 때문입니다.

Q : '한 잔 생각이 나네요.' 어느 것이 올바른 표현일까요?
① I want to go drinking.
② I want to go out for a drink.

과중한 업무로 스트레스가 쌓였을 때는 가끔 동료와 '한 잔하고 싶다.' 라는 말을 나누게 됩니다.
이럴 때는 어떻게 표현해야 할까요?

I want to go drinking.
한 잔 생각이 나네요.

'쇼핑을 하다.' 를 'go shopping', '수영하러 가다' 를 'go swimming' 이라고 하
니까, '한잔하러 가다.' 도 'go drinking' 이라고 할 것이라는 추측을 하기 쉽지만,
유감스럽게도 이런 표현은 쓰지 않습니다. 'go drinking' 에는 '완전히 취할 때까
지 마시다.' 라는 뉘앙스가 들어 있어서죠.
평상시 술을 좋아하고 주량도 많은 사람이 '오늘은 쭉 마시고 스트레스를 풀자!' 고
하면서 이런 표현을 하면 어울리겠지만, 간단하게 한잔하자고 할 때에는 적합하지
않은 표현입니다.

I want to go out for a drink.
한 잔 생각이 나네요.

간단하게 '한 잔 하고 싶다.' 라는 뜻을 밝힐 때, 이런 표현이 적절합니다.
'한 잔 하러 가죠?' 라며 제안할 때는 'Let's have a drink.', 또는 'Let's get a
drink.' 라고 할 수 있습니다. 'How about a drink?(한 잔 어때요?)' 도 좋은 표현
입니다.
참고로, 미국이나 영국은 술을 강제로 마시게 하거나 시키지 않습니다. 상대방의 의
사와 취향에 맞추어 가볍게 한 잔하시기 바랍니다.

128 | '우리 한국인' 이라는 표현에 밴 배타성

Q : '우리 한국인은 일을 너무 많이 하죠.' 어느 것이 올바른 표현일까요?
① We Koreans work too hard.
② The Koreans tend to overwork.

다른 나라에서 온 사람들과 접할 때, 각 나라의 문화와 국민성의 차이를 서로 이해하기 위한 주제를 다룰 기회가 많습니다. 바로 이럴 때 주의하야 할 것은 '우리 한국인은 ~하다.' 라는 식의 표현입니다.

We Koreans work too hard.
우리 한국인은 일을 너무 많이 하죠.

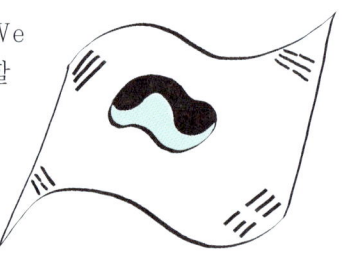

이제까지 한국 사람 이야기만 나오면 'We Koreans ~.' 라고 말해 온 분들은 의외로 생각할지 모릅니다. '우리 한국 사람은 ~이다.' 라는 표현이 무슨 문제가 있냐고 생각해서입니다. 하지만, 실제로 이런 표현을 사용하게 되면 다른 나라 사람들과의 사이에 스스로 벽을 만드는 격이 되고 맙니다. '우리 한국 사람' 이라는 말 때문에, '그렇지 않은 당신들' 이라는 일종의 대립구조가 생기기 때문입니다.

특히, 위의 문장과 같은 내용은 위험합니다. 일을 열심히 할 수밖에 없는 한국 사회를 냉소적으로 비웃었는데도, 상대방은 '그럼, 우리는 게으름을 피운다는 얘기야?' 라며 반감을 갖게 될 가능성이 매우 높기 때문입니다.

The Koreans tend to overwork.
우리 한국인은 일을 너무 많이 하죠.

'We Koreans' 대신에 그냥 '한국인'을 나타내는 'the Koreans', 또는 'Korean people'로 표현하세요. 그리고 모든 한국 사람들이 일을 다 열심히 하는 것이 아니기 때문에, 단정적인 표현을 피해 'tend to ~(~하는 경향이 있다.)'를 써서 표현하는 것이 바람직합니다.

음식에 관해서도 마찬가지입니다. '한국 사람들은 김치를 좋아해.'라는 문장은 'Korean people love Kimchi.'라고 표현해야 합니다. 이렇게 말하는 본인도 그렇다고 강조하고 싶으면 'we' 대신 'I'를 써서 'I love Kimchi.(난 김치를 좋아해.)'라고 본인의 이야기로 제한하는 것이 좋습니다.

한편, 그 나라의 상황이나 국민의 성향을 논할 때, 그곳 사람들 전체를 나타내는 'Korean people'이나 'American people' 같은 표현을 쓰면 독단적인 내용으로 들릴 수도 있어 주의해야 합니다. 그보다는 'Generally(일반적으로)'로 문장을 시작하거나 'Most Americans(대다수 미국 사람들)'과 같은 표현을 이용해서 집단 전부가 그렇다고 단정하지 않도록 주의하세요.

G·R·O·C·E·R·Y

유독 'I'만 대문자로 표기하는 까닭은?

'we'나 'you'도, 그리고 'he'나 'she'도 소문자로 표기하는데, 유독 'I'만 대문자로 씁니다. 물론, 그 이유는 자아의 강도(强度)와는 아무 관계가 없습니다.

고대 영어에서 '나'는 'ic'였습니다. 발음은 '이크'이고, 물론 소문자로 쓰였습니다. 그러다가 영어 인구가 늘어나면서 발음과 표기의 편의를 위해 '어미의 자음(c)'은 사라지고 'i'만 남게 되었죠.

그 다음, 인쇄기술의 발전과 함께 가독성을 높이기 위해 대문자로 표기하게 된 것입니다. '소문자 I'만으로는 전후의 구문과 잘 구별하기도 어렵고, 읽을 때에도 지장이 있었기 때문입니다.

129 Global 시대에 필수적인 PC 표현

Q : '제 누이는 경찰이죠.' 어느 것이 올바른 표현일까요?
① My sister is a policeman.
② My sister is a police officer.

영어의 세계에는 'politically correct(줄여서 PC)' 한 표현인지 아닌지 주의가 필요한 단어들이 생각보다 많습니다. 다시 말해, '정치적으로 옳은 표현', 즉 '정치나 인류, 출신지, 종교, 연령, 외모 등을 차별하지 않는 표현' 을 쓰도록 주의해야 한다는 뜻입니다.

지금까지 사회적으로 약자의 입장이었던 사람들을 배려함과 동시에, 편견과 무지에 의한 일방적인 표현을 피하는 의식을 갖는 것이 필요합니다. 그 중에도 특히 남성 중심적인 사회의 흔적이 남아 있는 단어들은 되도록 피하는 대신, 중립적인 단어를 쓰도록 노력해야 하겠습니다.

My sister is a policeman.

제 누이는 **여경**이죠.

'policeman' 과 같이 '-man' 으로 끝나는 단어는 대표적인 성차별 어휘입니다. 남성만이 할 수 있는 직업이라는 과거의 사고방식이 그대로 남아 있는 단어죠. 하지만, 이제는 '여성 경찰' 과 같이 성별을 구별하는 표현은 곤란합니다.

My sister is a police officer.

제 누이는 **경찰**이죠.

성별에 상관없이 '경찰'은 'police officer'입니다. 그리고 경찰관을 부를 때는 그냥 'officer'라고 하면 됩니다.

같은 이치로, 'chairman(의장)'은 'chairperson'으로 바뀌었고, 'salesman(판매원)'은 'sales representative(줄여서 rep)'로, 'hotelman(호텔 종업원)'은 'hotel employee'로 바뀌었습니다. 또, 'cameraman(카메라맨)' 역시 'photographer'라는 중립적인 단어로 대체되었습니다.

단어 끝에 어미 '-ess'가 붙은 경우도 사용을 피할 필요가 있습니다. 'stewardess(객실 승무원)'는 'flight attendant'로, 'waitress(웨이트리스)'는 'waiter'로, 'actress(여배우)'는 'actor'로 대체하는 것이 이른바 'PC 표현'입니다. 그리고 '인간'을 가리키는 'man'의 사용도 현재 문제시되고 있습니다. 상황에 맞추어 'person, people, individual, human'을 쓰거나, 아니면 'one'이나 'anyone'를 활용하는 게 바람직합니다.

G·R·O·C·E·R·Y

여성의 명칭은 본인의 희망대로!

여성의 이름 앞에 명칭을 붙일 때, 기혼자이기 때문에 Mrs.를 쓰는 것은 이제 구세대의 생각입니다. 남성은 기혼 여부에 관계없이 Mr.인데, 여성만 미혼은 Miss, 기혼은 Mrs.로 구별하는 것이 일종의 성차별이라는 점에서, 양쪽 어느 편에도 쓸 수 있는 'Ms.'라는 명칭이 벌써 자리 잡은 지 오래됐습니다.

하지만, 명칭의 선택은 물론 본인에게 달려있습니다. 물론, 어느 쪽인지 모르는 경우에는 'Ms.'를 기본적으로 가장 많이 사용합니다.

130 | '~이하'와 '~미만'도 정확히 표현하라!

Q : '5살 이하의 어린이는 저곳엔 입장 금지야.' 어느 것이 올바른 표현일까요?

① Children under 5 are not allowed there.
② Children 5 and under are not allowed there.

연령 제한이나 수량의 제한을 설명할 때, '이하'와 '미만', 또 '이상'에 대해 정확하게 표현할 필요가 있습니다. 해당 숫자를 포함하는지, 그렇지 않은지를 명확하게 표현해 봅시다.

Children under 5 are not allowed there.

5살 **이하의** 어린이는 저곳엔 입장 금지야.

이렇게 말하면 다섯 살 난 아이는 입장이 가능하다는 뜻일까요?
'전치사 under'는 '~의 아래'라는 뜻이 있기 때문에 '5살 미만'을 가리키게 됩니다. 하지만, 이런 개념이 부족하여 원어민 중에도 '이하'로 해석하는 사람도 있으니 주의를 요합니다.

Children 5 and under are not allowed there.

5살 **이하의** 어린이는 저곳엔 입장 금지야.

자, 이렇게 표현하면 더 이상의 오해는 생기지 않습니다. '5살과 5살 미만', 즉 '5살을 포함한 5살 이하'를 대상으로 한다는 사실을 명확히 표현하기 때문이죠.

참고로, 숫자를 나타낼 때는 less와 more가 자주 등장합니다.

예를 들면, 무엇을 하는 데 얼마나 시간이 걸릴지 친구와 점심 내기를 했을 경우, 'If it takes less than 30 seconds, I will buy you lunch.'라고 하면 '30초 미만이 걸리면 내가 점심을 사지.'라는 뜻이 됩니다. 다시 말해, 30초가 걸리면 점심을 사지 않아도 된다는 뜻이죠. 이처럼 'less than ~'은 그 숫자를 포함하지 않는 '~미만'을 나타냅니다.

그래서 '7회 미만'은 'less than 7 times'라고 하지만, '7회 이하'는 '7 times or less'라는 식으로 우선 그 숫자를 말한 다음에 'or less'를 붙여 구분합니다.

한편, '~ 이상'을 'more than ~'이라고 하면 해당 숫자는 포함되지 않아 적용 범위에 차이가 발생할 수 있습니다. 이를테면, '18세 이상'은 18세도 포함되기 때문에, '18 years and older'라고 합니다. 그리고 'more than 18 years old'라고 하면 '19세 이상'을 의미합니다.

마찬가지로, 'If you buy more than 5, you get one free.'는 '여섯 개 이상 구입하면 하나는 공짜로 얻게 돼.'라는 뜻이 되죠. 이때 '5개 이상'이라고 표현하려면, '5 or more'라고 해야 합니다.

다시 한번 간략히 정리하자면, 'less than ~'과 'more than ~'은 '~에 해당하는 숫자'가 포함되지 않습니다. 그리고 해당 숫자를 포함하는 '이상', 또는 '이하'를 나타낼 때에는 '해당 숫자 + or more', 또는 '해당 숫자 + or less'로 표현하세요.

G·R·O·C·E·R·Y

숫자를 읽는 방법

영어에서 숫자를 읽는 방법은 아주 합리적이랍니다. 숫자에는 세 자리마다 콤마(,)를 넣는데, 그 콤마를 기준으로 끊어 읽으면 됩니다.

예를 들어, '123'은 'one hundred twenty-three'입니다. 이렇게 세 자리 숫자를 기준으로 읽는 것이 기본이며, 이보다 큰 숫자는 콤마가 나올 때마다 단위를 삽입하면 됩니다. 예를 들어, '1,234'는 'one thousand, two hundred thirty-four'가 되죠. 그리고 '12,345'는 'twelve thousand, two hundred forty-five'가 됩니다. 같은 이치로, '123,456'은 'one hundred twenty-three thousand, four hundred fifty-six'가 되는 것입니다.

그 다음 자리 앞에는 다시 콤마가 들어가서 million(100만)의 단위를 가리키게 됩니다. 물론, 그 다음 콤마는 billion(10억), 그리고 그 다음은 trillion(1조)을 가리키게 되죠.

131 '요리사'가 '주방 기구'라고?

Q : '여기 요리사는 솜씨가 대단하군요.' 어느 것이 올바른 표현일까요?
① Your cooker is wonderful.
② Your cook is wonderful.

'~하는 사람'을 나타낼 때 '동사+~er'의 형식을 취한다고 다들 배웠을 것입니다. 이를테면, 'swimmer, runner, player' 등이 이에 해당하죠. 대부분은 이런 원칙을 따라 표현할 수 있지만, 그렇지 않은 예외적인 단어도 있어 주의를 요합니다.

Your cooker is wonderful.
여기 요리사는 솜씨가 대단하군요.

영어권 국가에서 고급 레스토랑을 찾아 맛있게 식사를 하고 난 다음, 인사를 하러 온 매니저에게 이런 말을 하면 그 매니저는 'Thank you, sir.'라는 입에 붙은 인사말도 못하고 당황한 기색을 보이게 될 것입니다. '요리사'는 'cook+er=cooker'의 원칙이 적용되지 않기 때문입니다. 그냥 'cook' 자체가 '요리사'를 가리키는 단어입니다. 반면, 'cooker'라고 하면 '요리 도구' 즉, 냄비나 솥을 나타냅니다. 그래서 여러분이 매일 사용하는 '전기 밥솥'을 'rice cooker'라고 하는 것이죠.

Your cook is wonderful.
여기 요리사는 솜씨가 대단하군요.

'cook'은 전문적인 요리사뿐만 아니라 그냥 '요리하는 사람'의 뜻으로도 폭 넓게 쓸 수 있습니다. 친구의 집에 초대를 받아 직접 요리한 음식을 먹었을 때는 'You are a wonderful cook, Mike.(정말 대단한 요리사야, 마이크.)'라며 친구의 이름과 함께 말하면 자연스러운 대화를 이끌 수 있을 것입니다. 원래 '주방장'을 뜻하는 'chef' 역시 '전문적인 요리사'를 나타내는 표현으로 자주 사용됩니다.

132 | '나중에 연락하겠다.'라는 말도 '어휘'를 가려 써야!

Q : '나중에 연락드릴게요.' 어느 것이 올바른 표현일까요?

① I'll contact with you later.

② I'll get in touch with you later.

처음 만나는 사람과 헤어질 때 '나중에 연락하겠다.'라는 말을 흔히 인사말 삼아 건네게 됩니다. 그러나 이때에도 적절한 어휘를 사용해야 상대방에게 불필요한 오해를 사지 않게 됩니다.

I'll contact with you later.
나중에 **연락 드릴게요**.

한마디로 말해, '동사 contact'을 사용하여 '연락하다.'라는 의미를 전달하게 되면 적지 않은 오해를 피하기 어렵습니다. '사업상의 은밀한 연락'이나 '첩보 활동을 위한 비밀 접촉'의 의미를 내포하고 있기 때문입니다.

I'll get in touch with you later.
나중에 **연락 드릴게요**.

일상 생활에서 '연락을 취하다.'라는 의미를 전달할 때에는 위의 문상처럼 'get in touch with ~'와 같은 표현을 이용하는 것이 바람직합니다.

또한, 예전에는 보통 편지나 전보로 연락을 많이 취했기 때문에, "I'll keep you posted."나 "I'll drop you a line."과 같은 문장을 이용하여 '편지로 연락을 취하겠다.'라는 의미의 표현을 흔히 사용했습니다. 하지만, 요즘은 대부분 '전화', 또는 'e-mail'을 이용하여 연락을 취하기 때문에 그 표현 형태도 많이 바뀌게 되었습니다. 이를테면, 'I'll call you later.(나중에 전화할게.)'라든지, 'I'll e-mail you later.(나중에 e-mail을 보낼게.)'와 같은 표현을 자주 사용하고 있습니다.

133 | 걱정해 줄 때는 그만큼 '배려'가 필요하다!

Q : '무슨 일 있어요?' 어느 것이 올바른 표현일까요?

① What's your problem?

② Is there something wrong?

항상 미소를 잃는 법이 없고 활기에 가득 차 있던 사람이 어느 날 갑자기 기분이 나빠 보이고 과묵한 표정을 짓고 있다면 누구나 걱정을 하게 됩니다. 이럴 때 친구에게 어떤 말을 걸면 좋을까요?

What's your problem?
무슨 일 있어요?

'뭐가 문제이기에 그렇게 심각한가' 라는 식으로 생각해서 이렇게 표현하는 사람이 많습니다. 하지만, 이 문장은 원어민의 입장에서 보면 상대방이 걱정을 해주기는커녕 도리어 싸움을 거는 것과 마찬가지입니다. '대체 뭐가 문제야?' , 또는 '할 말 있어?' 와 같은 공격적인 뉘앙스가 담겨 있기 때문이죠.

Is there something wrong?
무슨 일 있어요?

다정한 말투로 이렇게 물어보면 '무슨 안 좋은 일 있어요?' , 또는 '어디 몸이 안 좋아요?' 라는 의미와 함께 상대방을 걱정하는 마음도 충실히 전달될 것입니다.

여기서 '형용사 wrong' 은 도덕적으로 '옳지 않다, 나쁘다.' 라는 뜻 이외에 '몸이 좋지 않은' 상태도 나타냅니다.

참고로, 상대방에게 'What's wrong with you?' 라고 하면 '왜 그런 거야?' 라고 다소 힐난하는 뉘앙스를 풍길 수 있어 주의를 요합니다.

'What's the matter?' 를 이용해서도 '무슨 일 있어요?' 라는 의미를 표현할 수 있습니다. 하지만, 이 또한 말투를 조금이라도 딱딱하게 구사하거나, 특히 'What's the matter with you?' 라고 하면 힐난하는 뉘앙스를 전달하게 됩니다.

이처럼 일반적으로 'What is ~?' 라는 식의 직접적인 질문은 그 어투 자체가 억세고 좋지 않은 뉘앙스를 전달할 가능성이 큽니다. 따라서, 'something' 이나 'anything' 을 이용하여, 'Is there anything the matter?' 같은 표현이 훨씬 부드럽게 들리게 됩니다. 'Is something bothering you?' 라고 하면 '무슨 고민 있어요?' 라는 의미가 됩니다. 여기서 '동사 bother' 는 '고민시키다, 걱정시키다.' 라는 뜻입니다.

마찬가지로, 'Is something weighing on your mind?' 는 '뭐 마음에 걸리는 거라도 있어요?' 라는 뜻이 되는 겁니다. 여기서 '동사 weigh' 는 '무게로 내리누르다', 즉 '짐이 되어 부담을 주다.' 라는 뜻입니다.

이밖에 쉽고 간결한 표현으로는 'Is everything all right?' 이나 'Are you all right?' 등이 있습니다. 전자는 '만사 다 잘 돼 가고 있어요?' 라는 뜻이고, 후자는 '괜찮아요?' 라는 뜻으로, 이때 'all right' 을 'OK' 로 바꿔도 같은 뜻입니다. '어디 안 좋으냐?' 를 '잘 되고 있느냐?' 라는 긍정적인 내용으로 분위기를 바꾸어 상대방을 존중하는 가운데 상태를 물어보는 표현입니다.

G·R·O·C·E·R·Y

'No problem.' 의 정확한 의미는?

'No problem.' 을 직역하면 '아무 문제없다.' 가 되지만, 일상 생활에서는 조금 다른 뉘앙스로 쓰일 때가 있습니다.

예를 들어, 사소한 일 때문에 '시간을 뺏어 미안하다.' 라고 상대방이 감사의 말을 건넬 때 '아무렇지 않다, 괜찮다.' 라는 뜻으로 'No problem.' 이라고 대답하는 경우가 많습니다. 그리고 잔뜩 미안한 표정으로 일을 의뢰하는 상대방에게 이 한 마디로 마음을 가볍게 만들어 줄 수 있습니다.

134 '누구인지 안다.'고 그 사람과 친한 것은 아니다!

Q : '보아 알죠?' 어느 것이 올바른 표현일까요?

① Do you know BoA?
② Do you know who BoA is?

유명 연예인이나 스포츠 스타에 관한 이야기를 나눌 때, 상대방이 외국에서 온 사람이라면 우선은 그 사람을 알고 있는지 물어보게 됩니다. 이럴 땐 어떤 영어 표현을 써야 할까요?

Do you know BoA?

보아 **알죠**?

위의 문장처럼 '~ 알아요?' 라는 식으로 물어보기 십상인데, 유감스럽게도 이는 잘못된 표현입니다. 동사 know를 이용하게 되면, 그 사람을 직접 아는지의 여부, 즉 서로 잘 아는 사이인지의 여부를 묻는 셈이 되기 때문이죠.

Do you know who BoA is?

보아 **알죠**?

위의 문장처럼 '~라는 사람이 누군지 알아요?' 라고 물어야 이런 오해를 피할 수 있습니다.

또한, 'Have you heard of ~?(~라는 사람에 대해 들어봤어요?)' 라는 표현도 같은 의미로 사용할 수 있습니다. 이런 표현들은 비단 연예인이나 유명 인사뿐만 아니라 주변 사람에 대해서도 쓸 수 있고, 특히 'Have you heard of ~?' 는 사람은 물론 장소에 관해서도 사용 가능한 편리한 표현이니 잘 기억해 두세요.

Q : '몇 시에요?' 어느 것이 올바른 표현일까요?
① Do you have time?
② Do you have the time?

원어민과 영어를 사용할 기회가 많은 분들은, 시간을 물을 때 의외로 'What time is it now?' 라는 표현을 별로 쓰지 않는다는 점을 알고 있을 겁니다.

Do you have time?

몇 시에요?

손목 시계를 차고 있는 원어민일지라도 이렇게 물어서는 절대 시간을 알려주지 않을 것입니다. 이 말은 '시간 있어요?', 또는 '지금 괜찮으세요?' 라는 의미가 되기 때문이죠. 특히, 원어민 이성 앞에 갑자기 나타나 이렇게 질문하면, 아마도 자신이 마음에 들어 말을 거는 것처럼 생각할 것입니다. 평소 잘 아는 동료나 친구라면 이해를 해주겠지만, 잘 모르는 사람이라고 생각된다면 아예 무시하거나, 아니면 '시간이 없다.' 라고 하면서 가 버릴 것입니다.

Do you have the time?

몇 시에요?

이렇게 '정관사 the'는 문장의 의미를 좌우하는 중요한 역할을 합니다. 여기서 '정관사 the'는 수많은 시간 중에서 '현재의 시각' 이라는 구체적인 개념을 지칭하는 기능을 합니다. 시간을 묻는 또 다른 표현으로는 'What time do you have?' 를 들 수 있습니다. 물론, 이보다 더 예의 바른 표현으로 'Could you give me the time?' 도 있습니다. 참고로, 잘 모르는 상대방에게 'What time is it?' 이라고 묻게 되면, 너무 직접적인 질문이라 때로는 무례하게 들릴 수 있습니다. 하지만, 'Do you know what time it is?' 와 같은 간접 의문문을 활용하면 무례하지 않은 표현이 됩니다.

136 │ '영국인'과 'English'는 별개!

Q : '존은 영국 사람이야.' 어느 것이 올바른 표현일까요?
① John is English.
② John is from the UK.

흔히 '영국'을 'England'라고 생각하는 사람이 많습니다. 아마도 영국의 언어인 'English'와 축구 때문에 'England'와 '영국'을 동일시하는 게 아닌가 싶습니다.

John is English.
존은 **영국 사람**이야.

영어 사전을 찾아보면 'English'는 '영국의', '영국 사람의'라는 의미를 지닌 형용사이며, 'He is English.'라고 하면 '그는 영국 사람이다.'라는 뜻임을 가리키는 예문이 나와 있을지도 모릅니다.

하지만, 좀더 주의 깊게 살펴보면 '잉글랜드의', '잉글랜드 사람의'라는 의미가 맨 앞에 기록되어 있을 것입니다. 따라서, 'English'라는 단어는 우선은 이 의미로 이해해야 할 필요가 있는 것이죠.

'영국'이라는 국가의 공식 명칭은 'the United Kingdom of Great Britain and Northern Ireland(그레이트 브리튼 및 북아일랜드 연합 왕국)'입니다. 너무 이름이 길고 복잡해서 대개는 'the United Kingdom', 또는 그 약칭인 'the UK'로 부르는 경우가 많습니다. 이처럼 영국이라는 국가 전체를 'England'라고 하는 경우는 없습니다.

왜냐하면, 'England' 자체는 Wales(웨일즈), Scotland(스코틀랜드), 그리고 Northern Ireland(북아일랜드)와 함께, 'the UK'라는 연합왕국을 형성하는 나라 중 하나에 불과하기 때문입니다. 다시 말해, 'Great Britain' 자체가 'England, Wales, Scotland'로 구성되어 있고, 여기에 'Northern Ireland'를 보태야만 'the UK'가 되는 것이죠.

특히, 'Northern Ireland'의 경우에는 오랜 침략과 정복의 역사 끝에 영국으로 편입되어 있기 때문에, 이민족 간의 뿌리깊은 반감이 오늘날까지 잦은 분쟁과 갈등으로 이어지고 있습니다. 그렇기 때문에 'England' 출신인 사람이 아니면 'English'라고 할 수 없는 것입니다. 또, 다른 지역 출신인 사람이라면 출신지를 정확히 나타내는 표현을 써야 합니다.

John is from the UK.
존은 영국 사람이야.

'John'이 영국에서 왔다는 것은 아는데, 구체적으로 영국 어디 출신인지는 잘 모를 때엔 반드시 이렇게 표현해야 합니다.

영국 어디 출신인지 정확히 아는 경우에는, 'He is English.(그는 잉글랜드 사람이야.)'라는 표현이 가능합니다. 'Wales'에서 온 사람이면 'Welsh', 'Scotland' 출신이라면 'Scottish', 'Northern Ireland' 사람이라면 'Irish'라고 하면 됩니다.

참고로, 스코틀랜드 산 위스키를 뜻하는 'Scotch'를 떠올려서 스코틀랜드 출신을 'Scotch'라고 표현하는 경우가 종종 있는데, 이 역시 올바른 표현이 아닙니다. 그 지방에서 산출되는 상품에 대해서는 'Scotch ~'라는 표현을 흔히 쓰지만, 사람에 대해 사용하게 되면 '스코틀랜드 사람처럼 인색한'과 같은 지방 차별적인 의미를 담게 되어 주의를 요합니다.

G·R·O·C·E·R·Y

런던 'Scotland Yard'의 불가사의

'Scotland Yard'는 추리 소설에 단골손님처럼 등장하는 영국 런던 경찰국 수사국을 가리킵니다. 영국의 수도 런던은 'England 지방'에 자리잡고 있는데도 이런 별칭을 가진 불가사의한 이유는 무엇일까요?

그 이유는, 알고 보면 정말 간단합니다. 1829년 수사국 창설 당시 경찰국 건물의 위치가 그 옛날 스코틀랜드 왕이 잉글랜드 왕국을 방문할 때 사용하던 궁전터였기 때문에 'Scotland Yard'라는 별칭을 얻게 되었던 것이죠. 그 후 템스강(the Thames)의 빅토리아(Victoria) 지구로 이전했음에도 불구하고 아직까지 별칭은 그대로 이어지고 있습니다.

137 무작정 기다리기만 하면 '임신'이 될까?

Q: '기다리고 계십니다.' 어느 것이 올바른 표현일까요?
① She is expecting.
② She is expecting you.

정확한 표현을 익혀두지 않으면 흔히 다른 의미가 되어버리는 경우가 많습니다. 대표적인 예를 들자면, 직장 상사를 찾아온 고객(client)에게 '지금 기다리고 계십니다.'라며 안내할 때 필요한 표현을 들 수 있습니다.

She is expecting.
기다리고 계십니다.

'동사 expect'는 주로 '사람이 오는 것을 기대하고 있다.'는 뜻의 타동사로 쓰입니다. 그럼에도 불구하고 이런 말을 고객에게 한다면 정말로 큰 오해를 일으킬 것입니다. 왜냐하면, 이렇게 목적어 없이 자동사로 'expect'를 사용하게 되면 '임신중이다.'라는 의미가 되기 때문이죠. 특히 직장 상사가 여성인 경우에는 두말할 나위 없이 '그녀는 임신 중이랍니다.'라는 뜻이 되는 것이죠.

She is expecting you.
기다리고 계십니다.

'당신이 오기를 기다리고 계십니다.'라고 정확히 표현하고 싶다면, '동사 expect' 뒤에 '목적어 you'를 붙여서 타동사로 써야 합니다.
한편, 'expect'는 타동사로써 '아이를 낳을 계획이다.'라는 의미로도 사용되 주의를 요합니다. 예를 들어, 'She expects her second child.'는 '그녀는 둘째 아이를 낳을 계획이다', 즉 '그녀는 둘째 아이를 임신 중이다.'라는 의미를 전달하게 됩니다.

138 '딱딱한 고기'는 씹기 어렵다고 표현하라!

Q : '질긴 스테이크는 싫어요.' 어느 것이 올바른 표현일까요?

① I don't like hard meat.

② I don't like tough steak.

우리들이 간혹 즐기는 '스테이크'에 관한 표현에도 다소 차이가 있습니다. 어떤 스테이크를 즐기는지 이야기를 나눌 때 다음과 같은 실수 아닌 실수가 빚어지지 않도록 주의하세요.

I don't like hard meat.
질긴 스테이크는 싫어요.

'hard meat'은 속어로 '발기된 남성의 성기'를 뜻합니다. 스테이크에 대한 취향으로 이런 표현을 쓰게 되면, 정말 민망한 말이 되고 맙니다. 원어민의 입장에서 차마 웃을 수도 없고, 그렇다고 화를 낼 수도 없는 상황이 빚어지게 될 뿐이죠.

I don't like tough steak.
질긴 스테이크는 싫어요.

'meat' 대신 'steak'를 써서 'hard steak'라고 해도 역시 적절한 표현이 될 수는 없습니다. 'hard'라는 형용사는 '돌이나 콘크리트처럼 아주 딱딱하고 탄력이 없는 것'을 묘사하는 단어이기 때문입니다. 따라서, '고기'의 경우에는 '질겨서 쉽게 씹을 수 없다.'라는 의미를 나타내는 'tough'로 표현하는 게 적절합니다. 'The steak was as tough as leather.'라고 하면 '그 스테이크는 가죽처럼 질겼어.'라는 뜻입니다. 그렇다면, 전혀 'tough'하지 않은 고기, 즉 '부드러운' 고기는 'soft'라는 단어를 쓸까요? 아닙니다. 이번에는 'tender'라고 표현합니다. '형용사 tender'에는 '온화하다.'라는 의미 이외에도 '고기 등이 부드럽다.'라는 의미도 포함되어 있답니다.

139 | 함부로 말하면 곤란한 'boyfriend/girlfriend'

Q : '이건 제 남자친구가 준 거예요.' 어느 것이 올바른 표현일까요?
① One of my boyfriends gave me this.
② A friend of mine gave me this.

앞에서도 잠시 언급한 바 있지만, '친구'를 나타낼 때는 그 친구의 성별에 구애받지 않는 표현을 하는 것이 현명합니다.

One of my boyfriends gave me this.
이건 **제 남자 친구**가 준 거예요.

영어에서 말하는 'boyfriend'는 여러분이 말하는 '남자 친구'의 선을 넘어서서 '성적인 관계도 전제로 하는 남성 애인'이라는 뜻입니다. girlfriend의 경우도 마찬가지입니다. 따라서, 'I have a girlfriend.'라고 하면 '깊이 사귀는 여자 친구가 있다.'라는 뜻이 됩니다. 그렇기 때문에, 위와 같은 표현을 쓰게 되면 마치 자신이 수많은 남성과 육체적으로 사귀고 있고, 게다가 그걸 자랑하는 인상을 줄 수 있습니다.

A friend of mine gave me this.
이건 **제 남자 친구**가 준 거예요.

그냥 특별한 관계가 없는 '친구'라면, 일부러 앞에 'boy'나 'girl'을 붙일 필요가 없습니다. 또한, 'one of ~(~ 중의 한 사람)'보다는 그냥 '부정관사 a'를 써서 'a friend of mine'이라고 표현하는 것이 바람직합니다.

참고로, '애인'을 가리키는 'lover'라는 단어에는 지고 지순한 남녀관계에 의한 '애인'이라는 의미보다는 불륜관계에 의한 '정부(情夫/情婦)'라는 뉘앙스가 강합니다. 다시 말해, 불륜관계 속에서 성적인 관계를 유지하고 있다는 뉘앙스로 쓰일 경우가 많아서 주의를 요합니다.

Q: '모르겠는데요.' 어느 것이 올바른 표현일까요?
① I don't know.
② I have no idea.

'모르겠다.' 라는 간단한 표현도 'I don't know.' 만 고집하게 되면 적잖은 오해를 불러일으킬 수 있습니다. 예를 들어, 큰 실수를 저질러 곤경에 처한 원어민 동료가 자신에게 다가와 상사의 불편한 심기에 대해 'He is upset, isn't he?(화가 단단히 났지?)' 라고 물어본 경우를 예로 들어보겠습니다. 이때 상사가 정말 화가 났는지 어떤지 전혀 모를 때에는 어떻게 답을 해야 할까요?

I don't know.
모르겠는데요.

만약, 이렇게 답을 했다면 곤경에 빠져 있는 동료는 곧바로 여러분에게 화를 냈을 겁니다. 'I don't know.' 는 '글쎄, 잘 모르겠는데.' 와 같이 사실 관계가 명확하지 않을 때 많이 쓰는 말입니다. 게다가 경우에 따라서는 상대방에게 동의하지 않거나 반대할 때 '글쎄?' 라고 말하는 뉘앙스도 포함되어 있기 때문입니다. 상대방은 동료인 여러분에게서 최소한 'Maybe a little.(아마 조금은 화가 났겠지.)' 와 같은 답변을 기대하고 있는데, 'I don't know.' 라며 '나 몰라라.' 하는 식으로 끝을 흐려버리니 화가 나지 않을 수 없을 것입니다.

I have no idea.
모르겠는데요.

실제로 사실 관계를 모를 때에는 이렇게 명확히 말을 하면 됩니다. 이 말은 '나에겐 좋은 아이디어가 없어.' 라는 뜻이 아니라, '그 점에 대해서는 전혀 모르고 예상도 할 수 없어.' 라는 의미를 전달합니다. 그리고 이 말에 이어서 'I haven't seen him since this morning.(오늘 아침 이후로 그를 보지 못했거든.)' 과 같이 상황을 설명하면 동료와의 관계에 금이 갈 일이 없을 것입니다.

141 이왕 '허락'하는 것이라면!

Q : '그러세요.' 어느 것이 올바른 표현일까요?
① Yes, you may.
② Sure.

가까운 원어민 동료가 급하게 들어와 'May I use your laptop?(노트북 좀 써도 될까요?)'이라며 허락을 구할 때, 어떻게 대답하면 좋을까요?

Yes, you may.
그러세요.

'조동사 may'는 '허락'을 나타내어 '~해도 좋다.'라는 뜻을 전달합니다. 따라서, 'Yes, you may.'라고 대답하는 게 '허락'을 묻는 질문에 대한 친절한 대답이라고 생각하는 분도 적지 않을 것입니다.

하지만, 실제로 이렇게 대답하게 되면 아주 큰 실례가 됩니다. 이런 표현은 어른이 어린이에 대해, 또는 손위 사람이 손아래 사람에 대해 '허락'해 줄 때 쓰는 표현이기 때문이죠.

예를 들어, 교회의 결혼식에서 목사가 'Now you may kiss the bride.(이제 신부에게 키스를 해도 좋습니다.)'라며 신랑에게 말하는 것은 좋습니다. 또, 학교 졸업식에서도 '착석'을 'You may sit down.'이라고 표현합니다. 하지만, 서로 나이나 신분이 비슷한 동료가 'May I ~?'라며 허락을 구하는데, 그 답변에 'may'를 쓰게 되면 분명 건방진 인상을 줄 것입니다.

게다가, 'No, you may not.'과 같이 부정문으로 표현하면, 마치 혼을 내는 듯한 뉘앙스까지 전달될 수 있습니다.

Sure.
그러세요.

이 간단한 한마디만으로 '그러세요.' 라는 '허락' 의 의미를 정확히 전달할 수 있습니다. 그리고 뒤이어 'Go ahead.(자, 어서 쓰세요.)' 라는 말을 하게 되면 자연스럽게 대화를 이끌 수 있죠.

이처럼 물음에 대한 답변이 항상 yes 아니면 no로 한정되어 있는 것이 결코 아닙니다. 예를 들어, 'You shouldn't listen to what he says.(그가 하는 말은 무시하렴.)' 라고 친구가 조언을 했는데, 이때 답변으로 'Yes.' 라고 하게 되면 '아니, 나는 그가 하는 말을 꼭 들어야겠어.' 라며 강하게 반론하는 말이 됩니다. 'Yes, I should listen to what he says.' 의 줄임말이 되기 때문이죠.

따라서, 'I know.(알고 있어.)' 나 'I see.(알겠어.)', 'OK.(그렇군)', 'You're right.(맞아.)' 등과 같이 상황에 맞는 다양한 대답을 할 수 있도록 평소에도 많은 연습을 해둘 필요가 있습니다.

G·R·O·C·E·R·Y

please의 원래 의미는?

'please' 는 원래 '동사' 로 '사람을 기쁘게 만들다, 만족시키다, 즐겁게 하다.' 등이 있다는 점을 기억해 두면 여러 가지 표현을 이해하는 데 도움이 될 것입니다. 예를 들면, '까다롭고 신경질이 많아 만족시키기 어려운 사람' 이 있다면, 'He is hard to please.' 라고 표현할 수 있습니다.

'Coffee, please.(커피 부탁해요.)' 라는 표현에서 쓰이는 'please' 도 원래는 'if it please you(당신이 괜찮으시다면)' 이던 구문이 'may it please you' 로 간략히 쓰이다가, 다시 'please you' 로 줄고, 지금은 'please' 만 남게 된 것입니다.

142 거룩한 '신'의 이름을 자주 입에 올리지 말지어다! ⋮⋮⋮

Q : '오, 신이시여!' 어느 것이 올바른 표현일까요?
① Oh, my god!
② Oh, my gosh!

최근 영어식 표현이 널리 퍼지면서 입버릇처럼 '오 마이 갓'이라는 말을 하는 사람들이 제법 많아지고 있습니다. 이번에는 이 말이 가지는 의미와 타인에게 주는 영향에 대해 꼼꼼히 살펴보도록 하겠습니다.

Oh, my god!
오, 신이시여!

이런 표현은 경건하고 독실한 기독교 신자들이 아주 싫어하는 표현입니다. 원래, 신의 이름을 함부로 말하면 안 된다는 가르침도 있을뿐더러, 쓸데없이 'God'을 들먹거리는 것 자체가 모독 적인 행위가 되기 때문이죠. 따라서, 이런 표현은 때로는 상대방의 신앙심을 짓밟는 행위가 될 수 있어 주의를 요합니다. 물론, 정말 충격적인 일 앞에서는 쓸 수 있겠지만, 사소한 일에도 입버릇처럼 떠벌리는 태도는 삼가는 게 좋겠습니다.

Oh, my gosh!
오, 신이시여!

'gosh'는 일종의 금기어에 속하는 'God'을 완곡하게 표현하는 단어입니다. 'Jesus'는 'Jeez', 또는 'Gee'라고 표현하고, 'hell'은 'heck', 그리고 'damn'은 'darn'이라고 표현하는 것도 같은 이치입니다. 이렇게 바꿔 완곡하게 표현하면 일단 큰 실수는 면할 수 있지만, 가능하면 이조차도 자주 입에 올리지 않는 게 바람직합니다. 참고로, '배설물'이나 '섹스'와 관련된 이른바 '네 글자의 영어 단어'도 엄밀히 말해 '방송 금지 용어'입니다. 그럼에도 불구하고 외국인이 영어를 구사할 때 장난삼아 이런 표현을 입에 올리면 인격까지 오해를 받을 위험이 있다는 점은 더 이상 설명이 필요 없습니다.

'진찰' 과 '입원' 을 구분하라!

Q : '남편이 병원에 갔어요.' 어느 것이 올바른 표현일까요?
① My husband went to hospital.
② My husband went to see a doctor.

미국은 한국과 의료 제도가 여러모로 달라, 병원이나 의사에 대한 표현에도 차이가 있습니다. 예를 들어, '병원에 갔다.' 라고 말할 때도 주의가 필요합니다.

My husband went to hospital.
남편이 **병원**에 갔어요.

이 말을 듣는 원어민은 아주 안 됐다는 표정을 지으며 여러 가지 위로의 말을 해줄 것입니다. 이때 여러분이 느긋하게 미소를 짓는다면, 상대방은 필시 이들 부부의 사이가 좋지 않다고 여길지도 모릅니다. 위의 문장은 '제 남편은 입원했어요.' 라는 의미입니다. 남편이 입원을 요할 정도로 위중하다는 의미로 받아들인 상대방이 심각한 표정을 짓는 것은 너무나 당연한 이치입니다.

My husband went to see a doctor.
남편이 **병원**에 갔어요.

'병원에 가다.' 라는 말은 위의 표현과 같이 'go to see a doctor' 라고 표현합니다. 직역하면 '의사를 만나러 가다.' 이지만, 일반적으로 의사를 만날 일이 '진찰' 에 있기 때문이죠. 미국의 경우, 무작정 '병원' 으로 직접 가는 것이 아니라, 항상 집안 식구의 진찰이나 치료를 전담해 주는 'home doctor(주치의)' 의 집무실부터 먼저 찾아갑니다. 이때 정밀검사나 수술이 필요한 경우에 한해 입원 시설을 갖춘 'hospital(종합병원)' 을 소개받는 것이 일반적입니다. 그래서 일반 종합병원의 '응급실(emergency room)' 에는 'home doctor' 가 없는 사람들로 인해 항상 혼잡합니다.

144 │ '자다.' 라는 말에 숨어 있는 성적인 뉘앙스

Q : '잘 시간이 됐어.' 어느 것이 올바른 표현일까요?

① It's time to go to bed.

② I'd better go home and get some sleep.

어느 나라에서든 대체로 '자다.' 라는 표현은 때론 은유적으로 '성적인 관계를 갖다.' 라는 의미를 나타냅니다. 따라서, 본의 아니게 성적인 뉘앙스를 풍기는 표현은 조심해서 사용해야 합니다.

It's time to go to bed.
잘 시간이 됐어.

이런 말을 원어민 이성에게 할 경우, 상대방이 갑자기 분개 하거나, 아니면 아주 기뻐하는 표정으로 대답을 하는 등 이때까지의 분위기가 완전히 달라질 것입니다. 이 말은 '둘이서 같이 침대로 가자.' 는 의미로 해석되기 때문이죠. 다시 말해, 유혹의 말로 오해받을 가능성이 매우 높습니다.

단순히 '졸려서 자고 싶다.' 라는 의미로 'I want to go to bed.' 라고 해도 마찬가지로 오해받을 가능성이 있습니다. 'go to bed' 를 '취침하다.' 라는 의미로 기억하는 사람이 많은데, 이 역시 '동침하기 위해 침실로 가다.' 라는 성적인 뉘앙스를 담고 있습니다.

예를 들어, 'I went to bed with him.' 은 '난 그와 잠자리에 들었어.' 라는 뜻이 됩니다. 이처럼 회화 중에는 'bed' 라는 말만 해도 '성적 뉘앙스' 를 완곡하게 나타내는 경우가 많습니다.

I'd better go home and get some sleep.

잘 시간이 됐어.

이처럼 '집에 가서 좀 자는 게 좋을 것 같아.' 라고 표현하면 불필요한 오해는 미연에 방지됩니다. 물론, 이 문장 앞에 'It's almost midnight.(벌써 한밤중이야.)' 와 같이 시간과 관련된 말을 하면 상대방 역시 보다 이해하기 쉬울 것입니다.

영어에서 '구체적으로 말하지 않아도 상대방이 이해할 수 있다.' 라는 생각은 통하지 않습니다. 원칙적으로 어떤 상황이나 특정한 전제에 대해 모두 언급하는 것이 필수적입니다.

성적 뉘앙스가 강한 말에는 'sleep'도 포함됩니다. 'sleep with ~'도 말 그대로 '~하고 자다.' 라는 뜻이기 때문에, 그 사람과의 성적인 관계를 완곡하게 드러내고 있습니다. 'I sept with him.' 이라고 하면 '그와 잠자리를 같이했어.' 가 되고, 'Are you sleeping with her?' 는 '그녀와 함께 자고 있니?' 라는 뜻이 됩니다.

G·R·O·C·E·R·Y

아침 기분과 침대의 함수 관계

'She got up the wrong side of the bed.' 라는 말이 어떤 의미인지 상상해 보세요. 이 말은 '그녀는 아침부터 기분이 좋지 않다.', 즉 '그날 잠을 잘못 자서 그녀의 기분이 좋지 않다.' 라는 뜻입니다.

굳이 직역하면 '침대의 잘못된 쪽에서 일어났다.' 라는 뜻인데, 여기서 흥미로운 것은 'wrong side' 가 왼쪽을 의미한다는 사실입니다.

이 관용구는 왼쪽에서 일어나면 재수가 좋지 않다는 서양의 미신을 근거로 하고 있습니다. 침대의 왼쪽에서 일어나는 까닭은 몸의 왼편을 아래로 두고 잠을 잤기 때문이며, 이럴 경우 심장에 압박이 가해져서 몸에 해롭다는 뜻이 그 유래라는 설도 있습니다.

145 │ '슬퍼지다.'와 '슬프게 느끼다.'

Q : '난 슬퍼졌어.' 어느 것이 올바른 표현일까요?
① I became sad.
② I felt sad.

영어를 처음 배울 때 'become'을 '~하게 되다, ~해지다.'라고만 배워서인지, 너무 단순하게 사용하는 경향이 있어 주의를 요합니다.

I became sad.
난 슬퍼졌어.

어느 순간에 '마음이 슬퍼지다.'라는 뜻을 전달하기 위해 'become sad'라고 하면 되겠다고 생각할지 모르지만, 이 또한 올바른 영어식 표현이 아닙니다.
일반적으로 '동사 become'은 '지속적인 상태', 또는 '그 결과'를 나타내기 때문에, 일시적인 감정 상태를 나타내는 'sad'와는 짝을 이룰 수 없습니다.

I felt sad.
난 슬퍼졌어.

이럴 때에는 'feel sad', 즉, '슬프게 느끼다.'라는 표현을 이용하는 것이 바람직합니다. 또는, 'I was sad.'처럼 'be 동사를' 써서 '슬퍼지다.'라는 의미를 나타낼 수도 있습니다. 이 밖에도 'It made me sad.'라는 말도 자주 쓰입니다. 직역하면 '그것이 날 슬프게 했다.'라는 의미이므로 '그것으로 인해 내 마음이 슬퍼졌다.'라는 뜻을 충분히 전달할 수 있습니다.
참고로, 'become'과는 달리 '일시적으로 어떤 상태가 되다.'라는 의미를 전달하는 동사로 'get'이 있습니다. 예를 들어, 'I got depressed.'는 일시적으로 갑자기 '우울해졌다.'라는 뜻이 됩니다. 또한, 'It's getting better.'라고 하면 '기분이 점차 나아지고 있다.'라는 의미가 되죠.

> **Q** : '그곳에 도착하면 전화할게요.' 어느 것이 올바른 표현일까요?
> ① I'll call you when I'll get there.
> ② I'll call you when I get there.

영어 문법의 복잡한 규칙은 흔히 '두통의 원인'이 되게 마련입니다만, 그렇다고 해서 문법을 완전히 무시한다면 원어민에게 이야기를 제대로 전달하기 어렵습니다.

I'll call you when I'll get there.

그곳에 **도착하면** 전화할게요.

'그곳에 도착하는 것'은 미래의 행동이므로 when이 이끄는 시간 부사절에 미래형 조동사 will을 넣은 문장입니다. 하지만, 주절과 when이 이끄는 부사절 양쪽에 미래를 나타내는 조동사 will을 삽입하게 되면, 오히려 '전화 거는 시점'과 '목적지에 도착하는 시점'의 선후 관계가 명확하지 않아져 듣는 사람에게 더 큰 혼동을 불러일으키게 됩니다.

I'll call you when I get there.

그곳에 **도착하면** 전화할게요.

'목적지에 도착하는 시점'이 '전화를 거는 시점'보다 먼저 일어날 일에 해당합니다. 일단 그곳에 도착을 한 후에 전화를 걸기 때문입니다. 따라서, when이 이끄는 시간 부사절을 현재형으로 나타내면 문장의 선후 관계가 명확하게 전달됩니다. 이처럼 시간을 나타내는 'when, after, before, as soon as'가 이끄는 부사절에서는 흔히 현재형 동사가 미래 시제를 대신합니다. 또 다른 예로, '결혼한 후엔 집을 살 거야.'라는 표현은 'I'll buy a house after I get married.'라고 합니다. 이때, 'after I will get married.'라고 미래형으로 표현하면 문법적으로나 어법상 틀린 문장이 되고 맙니다. 또, when이 이끄는 절에 완료형 문장이 올 때도, 'I'll join you when I've finished this.(내가 이걸 끝내고 참가할게.)'와 같이, '현재완료형' 시제로 '미래완료형' 시제를 표현합니다.

147 '화장실 용무'는 되도록 완곡하게 표현!

Q : '그녀는 화장실에 갔어요.' 어느 것이 올바른 표현일까요?
① She went to pee.
② She went to the bathroom.

인간의 생리 현상에 의한 '화장실 용무'는 가급적 '완곡하게' 표현하는 것이 좋습니다. 그렇지 않고 다음과 같이 구체적으로 표현할 경우에는 그야말로 '인격 모독'이라는 비난을 피하기 어렵습니다.

She went to pee.
그녀는 **화장실**에 갔어요.

이번 경우처럼 '그녀는 소변을 보러 갔어요.' 라고 말을 하게 되면, 비록 문법과 어법상으로는 하자가 없다 하더라도 '품격에 어긋나는 금기 표현'으로 간주합니다. 화장실에 간 당사자에 대한 '인격 모독'은 물론, 이 말을 듣는 상대방에게도 '매우 불쾌한 감정'을 안겨주게 되는 등 일파만파의 상황을 불러올 수도 있습니다.

She went to the bathroom.
그녀는 **화장실**에 갔어요.

이미 앞에서도 살펴보았듯이, 화장실은 'bathroom, lady's room, restroom' 등으로 보통 표현합니다. 따라서, 'go to bathroom'과 같은 구문을 이용하는 것이 가장 바람직합니다.

이미 앞에서 살펴본 바 있는 'wash one's hands.(손을 씻다.)' 라는 구문을 활용하여 'She went to wash her hands.(그녀는 화장실에 손을 씻으러 갔어요.)'와 같이 완곡하게 표현하는 것도 물론 좋습니다.

148 'hang' 과 'hang up'의 엄청난 차이

Q : '그가 전화를 끊었어.' 어느 것이 올바른 표현일까요?

① He hanged up.

② He hung up.

전화에 관련된 표현으로 꼭 기억해야 하는 것이 바로 'hang up'입니다. '전화를 끊다.'라는 뜻인데, 이때 '동사 hang'의 과거형을 잘못 말하면 듣는 사람이 화들짝 놀라게 될 것입니다.

He hanged up.
그가 전화를 끊었어.

'hanged'라는 과거형을 쓸 수 있는 상황은 '교수형을 실행하다, 목을 매달다.'라는 의미를 전달할 때뿐입니다. 예를 들어, 자신의 목을 매어 자살한 경우, 'He hanged up himself.'라고 합니다. 그래서, 'hanged'라는 단어 자체를 듣는 순간 상대방은 끔찍한 장면을 상상할 것입니다.

He hung up.
그가 전화를 끊었어.

원칙적으로 'hang'의 과거형은 'hung'입니다.

또, 애인과 전화로 싸운 사람이 'She hung up on me.'라고 하면 '그녀가 전화를 확 끊었어.'라는 뜻이 되죠. 여기서 'on me'는 '상대가 일방적으로 전화를 끊었다.'라는 뉘앙스를 첨가해 줍니다.

참고로, 상대방이 'Hang on, please.'라고 하면 'hold on'과 마찬가지로 '전화를 끊지 말고 기다려요.'라는 뜻이 된다는 점에 유의하세요.

149 '웃음'의 종류를 구별하지 못해도 웃음거리가 된다!

Q : '그녀가 나를 보고 웃더군.' 어느 것이 올바른 표현일까요?
① She laughed at me.
② She smiled at me.

'웃음'은 스트레스 해소에 큰 효과가 있는데, 물론 '건강한 웃음'만 이에 해당합니다. 이처럼 영어에서는 웃음의 종류에 따라 서로 다른 표현을 사용하기 때문에 주의를 요합니다.
예를 들어, 친구에게 어제 마음에 드는 이성을 만나게 되었는데, 그녀도 자신이 좋은지 마냥 웃더라고 얘기를 건네는 경우를 생각해 보겠습니다.

She laughed at me.
그녀가 나를 보고 웃더군.

유쾌한 표정으로 신이 나서 원어민 친구에게 얘기를 해도, 이 표현 때문에 친구는 미소도 짓지 못한 채 황당하게 생각하게 될 것입니다.
'laugh at ~'은 '~을 비웃다, 조롱하다.'라는 의미를 담고 있기 때문입니다.
이처럼 '동사 laugh'는 껄껄거리며 소리내어 웃는 웃음뿐만 아니라, 비웃거나 쓴웃음을 지을 경우에도 사용되는 단어입니다. 물론, 원칙적으로 소리를 내고 웃는 웃음을 표현합니다.
참고로, 'He laughed in my face.'라고 하면 '그는 내 얼굴을 보고 비웃었어.'가 되고, 'laugh down ~'은 '~을 웃고 거절하다'라는 뜻이 됩니다. 또한, 'It's a laugh.'나 'That's a laugh.'는 '그건 우스갯소리다.'라는 의미입니다.

She smiled at me.
그녀가 나를 보고 **웃더군**.

일반적으로 사람이 가장 기분 좋게 여기는 웃음은 '미소'겠죠? 이와 같은 경우는 'smile'로 표현하세요. 상황에 따라서 간혹 '경멸을 의미하는 웃음'을 뜻하는 경우도 있지만, 대개는 '방긋 웃는 모습'을 가리킵니다.

이 밖에도 '웃음'에는 여러 종류가 있기 때문에 상황과 의미를 고려한 구별이 필요합니다. 예를 들어, 만족한 듯 웃을 때나 싱글싱글 웃을 때는 'chuckle'로 표현합니다. 또, 본인의 입장을 생각해서 소리를 죽여 웃을 경우나 낄낄 웃을 경우에는 'giggle'로 표현합니다. 'giggle'은 주로 어린이들이 엄한 선생님 앞에서 소리를 죽여 낄낄거리며 웃을 경우에 쓰이죠.

이처럼 영어에서는 의성어나 의태어로 웃음의 종류를 전달하지 않고, 동사 자체를 바꿔서 표현한다는 점에 유의해야 합니다.

웃는 얼굴에 대해서도 여러 종류의 표현이 있습니다.

예컨대, 'grin'은 이를 드러내고 '히죽' 웃는 표정입니다. 반면, 거드름을 피우면서 '능글능글' 웃는 표정은 'smirk'라고 합니다.

G·R·O·C·E·R·Y

웃음을 나타내는 의성어

신문의 만화나 연재물에는 의성어가 많이 등장합니다. 이 가운데 웃음에 관련된 소리를 몇 가지 소개하겠습니다.

산타 클로스 할아버지의 웃음소리는 'ho-ho-ho'이죠. 기쁨과 자애가 가득한 소리라고 할 수 있습니다. '하하하'하며 크게 웃는 소리는 'ha-ha-ha'나 'har-har-har'로 주로 표기합니다.

'he-he'나 'hee-hee'는 '히히'하며 싱글거리는 소리죠. 'tee-hee'는 소리를 죽이고 웃을 때 '히히'하는 소리를 나타냅니다. 'heh-heh'는 좋아서 '허허'하고 웃는 소리입니다.

150 칭찬을 한 상대방의 입장에서 즉시 화답하라!

Q : '즐기셨다니 기쁘네요.' 어느 것이 올바른 표현일까요?

① I'm sorry it wasn't much.

② I'm glad you liked it.

친구를 초대해 요리를 대접하고 식사를 마친 뒤에는 방금 먹었던 음식을 놓고 대화를 하게 마련입니다. '음식이 맛이 있었다.'는 칭찬의 말을 상대방에게서 듣고 다음과 같이 지나치게 겸손하게 표현하면 문제가 생길 수 있습니다.

I'm sorry it wasn't much.
별거 아니어서 죄송합니다.

식사를 즐긴 후에는 대개 'Thank you.'나 'It was delicious.(맛이 좋았어요.)' 등의 말로 감사의 마음을 표현합니다.

이에 대한 답변으로 '별거 아니어서 죄송합니다.'라고 겸손하게 영어로 표현하면 상대방을 곤란하게 만들 수 있습니다. 집에 초대해서 맛있는 식사까지 대접을 했더라도, 초대받은 사람이 감사의 말을 건넬 때 오히려 '별거 아니어서 죄송하다.'라고 발언하는 것이 유교 문화의 특징인 '겸양지덕'에서 나온 것임을 원어민의 입장에서는 알기 어렵기 때문입니다.

I'm glad you liked it.
즐기셨다니 기쁘네요.

감사의 말에 대해서는 이 정도로 화답하는 것이 자연스럽습니다. 굳이 '더 맛이 있는 것을 대접 못해 죄송하다.'고까지 겸손할 필요는 없습니다. 다시 말해, 상대방의 감사를 그대로 받아들여 그에 알맞은 대답을 하는 것이 중요합니다.

'doubt'과 'suspect'의 차이

> **Q** : '난 그녀가 그와 바람을 피웠다는 의심이 들어.' 어느 것이 올바른
> 표현일까요?
> ① I doubt that she had an affair with him.
> ② I suspect that she had an affair with him.

영어로 '의심스럽다.'라는 뜻을 전하고 싶을 때 머리에 먼저 떠오르는 단어는 무엇인지요? 아마도 'doubt'을 떠올리는 사람도 있고, 또 'suspect'를 떠올리는 사람도 있을 겁니다. 하지만, 둘 사이에는 큰 차이점이 있으니, 각각의 용법에 주의해야 합니다.

I doubt that she had an affair with him.
난 그녀가 그와 바람을 피웠다는 의심이 들어.

이렇게 표현하면, 나는 그녀가 그와 '바람 피웠다고는 생각하지 않는다.'라는 의미가 됩니다. 왜냐하면, '동사 doubt'은 뒤에 이어지는 내용의 신빙성을 의심하는 의미를 전달하기 때문입니다. 예컨대, 'I doubt her words.'라고 하면 '난 그녀의 말을 의심해.', 즉, '난 그녀의 말이 진실이 아니라고 생각해.'란 뜻이 됩니다. 따라서, 위의 문장에서 '동사 'doubt'는 'do not think'라고 바꿔 생각하면 됩니다.

I suspect that she had an affair with him.
난 그녀가 그와 바람을 피웠다는 의심이 들어.

'바람을 피웠다는 의심이 든다.'라고 할 때에는 '동사 suspect'로 표현하는 것이 적합합니다. '동사 suspect'는 '그런 의심이 든다', 즉 '그렇게 생각한다.'라는 의미를 나타내는 동사이므로, 'think'로 바꿔 생각할 수 있습니다. 이런 구별을 잘못하면 전달하려는 말에 모순이 생겨, 주위 사람들을 혼란에 빠뜨리거나 심지어는 신뢰 관계마저 깨뜨릴 우려가 있으니 정확한 표현을 익혀두기 바랍니다.

152 전화기의 '# 버튼' 어떻게 표현할까?

Q : '샵 버튼을 누르세요.' 어느 것이 올바른 표현일까요?
① Please, push the sharp button.
② Please, push the pound key.

기호의 명칭 속에도 Konglish가 간혹 숨어 있습니다. 그 대표적인 예가 전화기 다이얼 중 하나인 '#'입니다. 흔히 'sharp'이라고 말하는 이 기호를 영어에서는 과연 어떻게 표현할까요?

Please, push the sharp button.
버튼을 누르세요.

일반 전화기나 휴대폰기능의 사용법을 영어로 설명할 때, 이렇게 표현한다면 원어민에게 전혀 의미가 통하지 않습니다.

Please, push the pound key.
버튼을 누르세요.

'# 버튼'은 'pound key'라고 부르는 것이 일반적입니다.
또한, '#' 기호는 아파트의 호수를 나타낼 때도 사용됩니다. 이때에는 'apartment number', 또는 그냥 'number'라고 읽습니다.
참고로, 전화 다이얼 중 * 버튼도 어떻게 읽는지 이 기회에 정리해 보겠습니다. 흔히 '별표'라고 하는 '*' 버튼은 보통 'star key'라고 부릅니다. 같은 의미를 뜻하는 'asterisk'로 읽을 수도 있습니다. 또, '&' 기호는 'ampersand'라고 부릅니다. 그리고 '( )'는 'parenthesis'라고 합니다.

Correct
the Mistaken
English